本当に必要な
英会話
フレーズだけを
1冊にまとめました

山内勇樹

JN210071

F
フローラル出版

「英語力」が人生を変える

　世の中には、とてもたくさんの資格試験やスキル習得講座があります。その中でも英語がダントツに、「人生を変える」レベルでインパクトがあるものだと私は思っています。

　たとえば、最近はどこを歩いていても海外からの観光客に会う機会がありますが、英語が話せたら、彼らと楽しくお話しすることもできるわけです。道案内ができれば、困っている人の助けにもなれます。あなた自身がさまざまな場所を旅行して、現地の人と交流することもできます。英語が話せれば、あなたがビジネスで活躍できるフィールドも世界規模に広がるでしょう。映画、音楽、スポーツなどのエンターテインメントや芸術の分野においても、より幅広く楽しめるようになります。

　これだけ自分の人生に大きな影響を与えてくれるスキルというのは、英語くらいではないでしょうか?

パターンさえわかれば、英会話は難しくない

「そんなの、わかっている。英語ができればどんなにいいだろう…。わかっているけれど、それを習得できないから困っているんじゃないか」と、思っていらっしゃるかもしれませんね。

　英語は、習得に一定の時間はかかりますが、実は思ったよりも簡単です。もちろん、まったく勉強した経験がないのに、突然、誰でも英語が話せるようになりますと言っているわけではありません。積み重ねは大事です。ただ、私がぜひお伝えしたいのは、「英語を話せるようになるのは、それほど難し

いことではない」ということです。

　私たちが日本語を話すときもそうではありませんか？　学校の教科書や小説、専門書など、「読む」という作業をするときには、複雑な構造の文章を読解する必要があります。けれど、「話す」ことだけに絞れば、実はシンプルな構造の文章がわかれば話せます。誰も小説に出てくるような巧妙な言い回しで日本語を話したりしませんよね。英語でも同じです。よく使う決まったフレーズのパターンを身につければ、思っているよりも早く、スラスラと英語を話せるようになります。

楽しみながら、新しい世界のドアを開けよう!

　私は、みなさんに英語を「乗り越えなければならない壁」と捉えてほしくないのです。英語は「新しい世界に飛び出すための扉」です。壁と聞くと、苦心して越えなくてはいけない障害物のようなイメージですよね。でも、それは違います。英語は、そこを開ければ、すばらしい景色が広がる扉です。その扉を開けていくプロセス、つまり英語を習得していくプロセスは、思ったほど難しくなく、むしろ楽しいものなのです。

　新しいことができるようになるのは楽しいことです。楽しいことなら、人は誰にも言われなくても進んで取り組みます。そうするともっと上達する、上達するともっと楽しくなる。この好循環が生まれます。この好循環のスパイラルを、一緒に上っていきましょう。

山内勇樹

英語は人生の可能性を
広げる魔法のツール

UCLA卒、TOEICで990点満点を取った数少ない日本人、英語の先生に英語を教える英語講師…。私は、今でこそ英語教育をライフワークとしていますが、私が通った小・中・高校は進学校ではなく、学生時代はまったく英語が話せませんでした。そんな私が、なぜ今、英語のプロフェッショナルとして多くの人に英語を教えているのか。英語の勉強法をお教えする前に、私自身の紹介をしながら、英語の持つ大きな力についてお話しさせてください。私の人生を大きく変えるきっかけとなったのは、プロのバスケットボール選手を目指したアメリカへの留学でした──。

小中高はずっと「いじめ」に耐えていた

　今は「いつもニコニコと元気ですね」と言っていただくことが多いのですが、実は、私は高校生の頃までは暗い性格だったのです。

　小学生の頃から、バスケが得意で成績もよかったのですが、あるときから突然「生意気だ」と、いじめの対象にされてしまいました。バスケが上手だったこともあって先輩に目をつけられ、暴力をふるわれたことも…。バスケットシューズを隠されたり、捨てられたりするなど、陰湿ないじめも受けました。仲間はずれにされるのはまだかわいいほうで、中学になるといじめはエスカレート。通学に使う自転車のタイヤの空気を抜かれたり針を刺してパンクさせられたり、「おまえは気に入らない」と何メートルもの高さのある階段から突き落とされたこともありました…。

　学校でいじめられて家に帰っても、家庭は落ちつける環境ではありませ

んでした。子どもの前での夫婦喧嘩は日常茶飯事。離婚話で両親が怒鳴り合う姿を前に、泣き叫ぶふたりの弟をなだめ、守ろうと、そればかりを考えていました。

　仕事熱心で夜中まで働きづめだった父も、子どもたちのことを一番に考えてくれる優しい母も、ふたりとも尊敬し、大好きでした。それだけに、この家庭環境は私にとって苦しいものでした。どこにも居場所がなく孤独で、中学1年のときには、「もう、死んでしまおうかな…」と考えたこともありました。

プロバスケの選手を夢見てアメリカへ

「家を出たい」と考えていたので、高校は実家のある広島県の呉市から離れた広島市内の学校へ進み、寮生活を始めました。私の入った学校の体育科は、教員やスポーツの指導者を目指す生徒が集まる学科で、体育の授業が毎日2～3時間あるちょっと変わったところでした。運動系の部活が強いことで有名な学校で、私が入ったバスケ部は広島県でナンバーワン、全国大会の常連でした。

「バスケがうまくなりたい」という一心で、朝5時に体育館へ忍び込んでひとりでスリーポイントシュートの練習をするのが日課でした。そのかいあって、2年生と3年生のときに全国大会に出ることもできました。

「プロのバスケットボール選手になりたい」──高校を卒業する頃には、私はそんな夢を抱くようになっていました。今でこそ日本にもプロリーグがありますが、当時はプロになるならアメリカへ行くしかありませんでした。

　とはいえ、当時、英語はまったく話せず、バスケ漬けの毎日を送っていたので偏差値は39の低空飛行。普通ならそんな状況で留学なんて考えないでしょうけれど、私には「アメリカでバスケのプロになる！」という夢がありましたから、勉強も苦にはなりませんでした。その結果、カリフォルニア州の公立短大へ留学することができたのです。

　ところが、アメリカへ渡って「さあ、これから」というときに、とんで

もないことが起きてしまいます。高校時代から練習のしすぎで治療を受けてはいたのですが、ここにきて「恥骨結合炎」というスポーツ選手がなりやすい股関節の障害を発症。足が痛くて歩けなくなり病院へ行くと、医師から「このまま練習を続けると、一生歩けなくなる」と宣告されたのです。

バスケを諦め、UCLAへ編入

プロバスケットボール選手になる夢は諦めざるを得ませんでした。けれど、その理由がケガだけでないことは、自分でもわかっていました。アメリカへ渡った当初はよくストリートバスケをしていて、「日本人のくせに、やるじゃないか」と認められていました。でも、やはり自分には、プロになるだけのポテンシャルはないと気づいたのです。NBAプレイヤーになった八村塁選手のようになりたかったんですけどね…。ケガは、バスケを諦めるきっかけのひとつに過ぎなかったのです。

「プロバスケの選手になる！」という夢をもって単身アメリカまで来たのに、自分にはもうやることが何もない…。心が折れそうになりました。けれど、両親には「勉強がしたいからアメリカへ留学したい」と嘘をついて（バスケが目的なのはバレていましたが）、安くはない留学費用を出してもらっていたので、簡単に帰るとも言い出せませんでした。

そんなときでした。高校時代にテレビで見た、脳の仕組みを解説したドキュメンタリー番組のことをふと思い出したのです。「脳について勉強してみたい」──唐突ですが、そう思ったのです。調べていくうちに、どうせ勉強するなら脳神経科学の分野で世界トップクラスのUCLA（カリフォルニア大学ロサンゼルス校）で勉強したい、と思い始めました。

それからは毎日6時間の勉強をノルマにして、休みなく勉強しました。編入（トランスファー）の際は、短大での優秀な成績のほか、地域社会でのボランティア活動なども評価対象になるので、気を抜くヒマはまったくありません。そうして無事にUCLAへの編入を果たすことができ、脳神経科学の研究に打ち込むことになりました。

帰国後に起業したものの、3ヶ月で倒産

　UCLAでは、動物の脳細胞を取り出したりして、さまざまな脳の研究をしていました。私は脳の機能のなかでも、学習や記憶、モチベーションを司る部分に興味を持ちました。「どうやったら効率的に学べるのか」「どうすれば覚えたことを忘れないのだろう」といったことを日々、研究していたのです。研究仲間のなかには医学の分野へ進む人や、脳神経科学の研究者になる人もいましたが、私は「教育分野へ進みたい」と思うようになっていきました。

　こうした脳神経科学の研究成果が、私が開発した英語学習教材「おうちホームステイ」などに活かされています。脳神経科学にもとづく学習法だから、簡単に覚えられるし、忘れにくく、実際の会話で使えるのです。

　UCLAを卒業して日本へ帰国するときは、就職活動は一切しませんでした。世界的な名門大学ですから、同級生は官公庁や一流企業に就職を決めていきます。でも、私は焦りませんでした。起業を決めていたからです。

　バスケが好きな根暗な少年が、留学を通して英語を身につけ、名門大学で好きな研究に没頭でき、大きく成長できた──英語ができるようになったことで、私の人生の選択肢は格段に広がったのです。だからこそ、「英語を身につけたい」「留学したい」という人をサポートする会社を作ろうと考えていました。

　資金はバイトで貯めた貯金に、親からの借金を加えた計600万円。事業経験はないし、知名度もコネもない。あるのは、自らの英語力と脳神経科学の知識、そして過度な自信だけ。その結果、どうなったか？　当然、世の中は甘くありませんでした。開業からわずか3ヶ月で、あえなく倒産してしまったのです。

借金に白血病!?　命があれば何でもできる!

　抱えた借金を返済するため、およそ2年間、それこそ寝る間も惜しんで

派遣社員の通訳として働き続けました。その頃だったでしょうか、体調が おかしいと思って病院で検査を受けると、「白血病、あるいはHIVかもしれ ない」という診断結果が。「そんな、まさか…！」と愕然としました。よく ドラマの演出などでありますが、本当に天井がグルグルと回って何も考え られず、頭の中が真っ白になりました。

　会社が倒産してお金がないどん底の状態なのに、さらに命が危ぶまれる 重病にかかるとは…。なす術がない。でも、悩む余裕もない。お金はない けれど、治療をしないと命がなくなるのです。恥も外聞もなく、同級生を 頼って寄付を募って歩きました。精密検査も繰り返し受けました。「残され た時間を、どうやって生きよう…」と毎日、焦り続けていたのを覚えてい ます。

　結局、「誤診だった」という結果が出るまで数ヶ月。長い間、真っ暗な闇 の中にいるようで、本当に生きた心地がしませんでした。医師の言葉を聞 いたとたん、全身の力が抜けて、床に崩れ落ちました。怒りよりも安堵感 が勝り、「まだ生きられる…！」と喜び、ありがたく思いました。この誤診 騒動が私にとって大きな転機になりました。「命があって、チャンスがある なら何でもできる！」と思えるようになったのです。

　本当に、心の底から命の大切さを実感した私は、まだお金に不自由して いた頃から骨髄バンクや国境なき医師団への寄付をしていました。最近は、 ミャンマーの孤児院での教育ボランティアと寄付を継続しています。教育 には人生を変える力があります。教育の機会を提供して、生まれや家庭環 境にかかわらず人生の選択肢を広げる手助けができたら、と願っています。

英語で人生の選択肢を広げてほしい

　人生の苦境を抜け出して生きる喜びを実感したことが、再起をかけた事 業に邁進させる原動力になりました。できるだけ多くの人に、英会話を通 して選択肢を広げ、人生をよりおもしろく生きてほしい。その理想のため に独自に開発したのが1日30分、2ヶ月で英語が話せるようになる「おう

ちホームステイ」です。開発に没頭する最中には、母を亡くしました。それだけに、自分のすべてを注ぎ込んだという自負もあります。

　私は、英会話がまったくできずに渡米して、苦労しながら英語を身につけました。「英語が話せない自分が、いったいどうすればネイティブと同じように話せるようになるんだろう…」と、つねに考えていました。英語を話せない人の気持ちがよくわかるからこそ、今、昔の自分と同じ悩みを抱えている人たちの手助けをしているのかもしれません。

　効率的な勉強を続ければ、英語は誰にでも身につけられます。これまでにも、自身の経験をもとにした留学アドバイザーとして、脳神経科学にもとづいた効率的な勉強法を駆使して、ハーバード大学やマサチューセッツ工科大学、スタンフォード大学などの超難関大学へ500人以上の生徒を合格させてきました。それだけでなく、自分自身がTOEICで満点をとったのも、TOEICやTOEFLなどの試験対策で1万人以上の生徒の成績を伸ばすことができたのも、当然の結果だと思っています。

　指導法で結果は変わります。私が「おうちホームステイ」の開発のかたわら、高校や塾の英語の先生向けのセミナーで独自に開発したノウハウを公開しているのも、「日本の英語教育をよりよいものにしたい」「より多くの人が、効率的に学ぶことで英語を好きになり、人生を変えてほしい」と、心の底から思っているからです。

「おうちホームステイ」は、UCLAでの脳神経科学の研究成果をもとに確立した最速で英語が話せる方法に、最新のAI技術を融合して、簡単に、まるでゲームを楽しむような感覚で英会話が身につけられるように開発したプログラムです。

「おうちホームステイ」を受講した方から、「英語で人生が変わりました」「英語に取り組むことが楽しくなりました」という言葉を聞くことが、私にとって何よりの喜びです。ぜひ、あなたもこの本を読んで効率的な英語の学習法を身につけ、英語で人生を大きく変えるための最初の一歩を踏み出してください。

Chapter3 道案内
7つのフレーズ❹ There is/areグループ

Chapter**4** ショッピング
7つのフレーズ❺ つなぎ役グループ

Chapter 5 　ホテル
7つのフレーズ❻ It's グループ

Chapter 6 日常会話
7つのフレーズ ❼ what グループ

1 毎日の習慣 ……… 162
I always go to work
before 8 : 30 on weekdays. ……… 166
平日はいつも8時半前には仕事に行きます。
I go to a gym three times a week. ……… 168
週に3回ジムに行きます。

2 友人との会話 ……… 170
I know what you mean. ……… 174
あなたが言いたいことはわかるわ。
What you need to do is very simple. ……… 176
あなたがする必要があるのは、とても簡単なことよ。

覚えてはいけない!? 文法講座　頻度 ……… 178
覚えてはいけない!? 文法講座　「もの」「こと」のwhat ……… 180
column 家にある物を英語で言って語彙力アップ! ……… 182
Let's Talk! 日々の習慣について話そう ……… 183

Chapter 7 落とし物

1 電話で問い合わせる ……… 186
I left my bag in your restaurant. ……… 190
そちらのレストランにバッグを置き忘れました。
Did you see a bag there? ……… 192
そこでバッグを見ましたか?

2 電車に忘れ物をしたら ……… 194
It's Green Line bound for Boston College. ……… 198
ボストンカレッジ行きのグリーンラインです。

Chapter8 病気・ケガ

編集協力　深谷美智子（le pont）
デザイン　大悟法淳一　大山真葵
　　　　　（ごぼうデザイン事務所）
イラスト　あらいしづか
DTP　　　三協美術
校正　　　くすのき舎

本書の使い方

本書は、効果的に英語を学び、身につけていただくために、下記のような構成になっています。

1 英会話にチャレンジ！

英語と日本語の会話文があります。日本語の内容を英語で言ってみましょう。間違えても、最適な言葉が出てこなくても気にせず、まずはあなたなりの英文を作り、話してみてください。

2 会話例と音声をチェックし、マネして話す

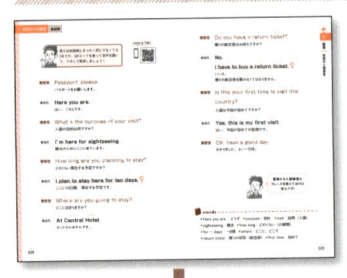

まず、QRコードからアクセスできる無料音声を再生し、「聞きながらマネして話す」を繰り返しましょう。次に、会話例を見て、英文や意味を確認します。

3 解説で意味や使い方をマスター

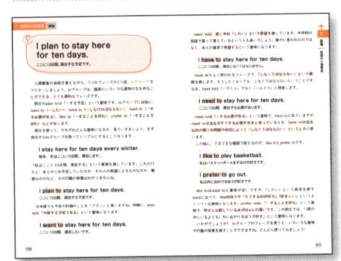

例文を参考に、7つのフレーズの使い方や意味を確認しましょう。その他の例文も見て、言い換えや応用の仕方を覚えれば、しっかり身につきます。

カタカナの発音表記について

本書では、発音をカタカナで表記しています。通常のカタカナでは表せない音は、次のようなルールをもとに表記しています。

上付き文字は、子音のみ発音

上に小さくついている文字は
母音を発音しない

例 visit［vízit］ ヴィズィト

「〜」はəːrの長音

口を半開きにして舌を反らし
「アー」と伸ばす音

例 first［fə́ːrst］ ふァ〜スト

ひらがなは特定の音を表す

● 「さしすせそ」はth（θ）の音

例 three［θríː］ すリー

● 「らりるれろ」はlの音

例 plan［plǽn］ プラン

● 「はひふへほ」はfの音

例 fit［fít］ ふィト

● 「ざじずぜぞ」は
thの濁音（ð）の音

例 there［ðéər］ ぜア

● 「ぐ」はgの鼻音（ŋ）

例 sing［síŋ］ スィンぐ

※本書で使用しているカタカナの表記は、主に『初級クラウン英和辞典 第13版』を参考にしています。

無料音声やAIアプリをご利用いただくために

● 本書の無料音声は、各章の会話例のページに掲載されているQRコードからアクセスしてください。QRコードは、QRコード読み取り機能つきのスマートフォンのカメラや、QRコード読み取り用の各アプリケーションで読み取りが可能です。
● Google翻訳等の翻訳アプリケーションは、AndroidのGoogle Playや、iPhoneのApp Storeで検索し、入手してご使用ください。
● 各アプリケーションを使用する際の不具合や疑問点については、著者ならびに出版社ではお答えいたしかねます。各アプリケーションの開発者にお問い合わせください。

英語でスラスラ自己紹介ができますか？

こんにちは、山内勇樹です！　突然ですが、英語で話しかけますので、英語で答えてください。間違えても、うまく話せなくてもかまいません。辞書で単語を調べたりはせず、できる範囲で、思いつくまま答えてみましょう。

Hi. My name is Yuki Yamauchi.

I am 39 years old.

I am from Hiroshima.

I live in Tokyo now.

I'm an English teacher.

I play basketball.

What's your name?

How old are you?

Where are you from?

Where do you live?

What do you do?

What do you do in your free time?

◆ 1000時間も勉強したのに話せないのはなぜ？

突然、英語での自己紹介が始まって、「えっ、どうしよう」「ああ、やっぱり上手に話せない…」と困ってしまった方もいるかもしれませんね。

中学から大学までの英語の学習時間を合わせると約1000時間になるといわれます。1日10時間の英語学習を100日間、1日も休まずに続けるようなものです。**そんなに勉強したのに、なぜ英語が話せないのでしょうか？**「話せないのは留学やホームステイをした経験がないから」と言う方がよくいらっしゃいますが、そうではありません。英語が話せない理由は他にあるのです。

◆ 英語を話したいなら、勉強してはいけない

なぜ、膨大な時間をかけても英語が話せないのか？　答えは明白です。**「きちんと勉強しよう、理解しようとするから話せない」「たくさん覚えようとするから話せない」**のです。

英語は勉強してはいけません。あれもこれも覚えようとしてはいけません。英語を話したいなら、**本当に必要なフレーズだけに絞り、それを繰り返し使って「確実に身につける」**ことです。

1000時間も勉強してきたのですから、あなたはすでに十分な英語力を身につけているのです。ただ、それを生かしきれていないだけです。その原因が「勉強のしすぎ」「詰め込みすぎ」です。

◆ 脳神経科学をもとにした効率的な英語学習法

すでにお話ししたように、私は高校卒業後、プロバスケットボール選手を目指してアメリカに留学しました。残念ながらその夢は実現できませんでしたが、その後、UCLA（カリフォルニア大学ロサンゼルス校）で脳神経科学を専攻しました。

そして、脳の仕組みを学ぶなかで、誰でも英語を話せるようになる効率的な英語学習法を生み出しました。帰国後は留学支援の仕事を始め、各国の有名大学に生徒を合格させています。その経験をもとに作られたのが**英語学習教材「おうちホームステイ」**です。

◆7つのフレーズだけで会話の95％が伝わる！

　英語を話すためには、構文が何百も載っている本や、フレーズが2000も3000も載っている英会話本を読む必要はありません。

英語を話すには、たった7パターンのフレーズを知っていれば十分です。この7つは、私がアメリカ有数の大学で学べる英語力を身につけ、ネイティブの会話パターンを分析して厳選したものです。

会話の95％が、この7つのフレーズで成立します。しかも、この7つはすでに中学英語であなたも勉強してきた簡単なものです。

◆人間の脳は7つより多くは覚えられない

「たった7つでは、少なすぎるのでは？」と疑問に思う方もいらっしゃるかもしれません。けれど、実は7つが限界なのです。人間の脳は一度に8つ以上のことを覚えられません。たくさん覚えようとしてはいけないと私が言うのはそのためです。

　本書では、7つのフレーズを1つずつ、ステップアップしながらご説明しています。**一度に覚えるべきことを極力少なくし、1つひとつのフレーズに集中して、確実に身につける**ことが重要です。

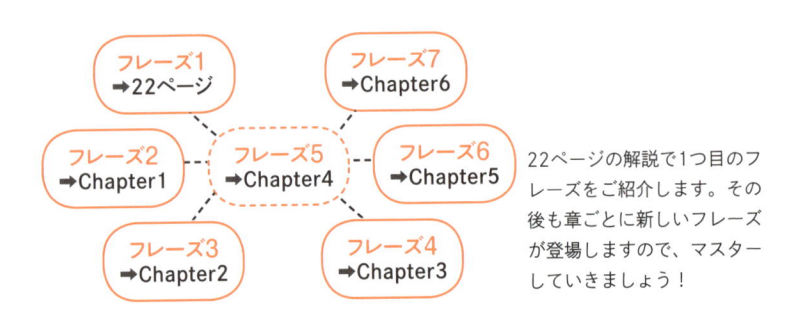

22ページの解説で1つ目のフレーズをご紹介します。その後も章ごとに新しいフレーズが登場しますので、マスターしていきましょう！

◆1日30分、2ヶ月でペラペラ話せる！

　私が考案した英語学習教材「おうちホームステイ」なら、1日30分のレッスンを60日間続けるだけで、誰でも話せるようになります。基本的な会話なら1週間でマスターが可能です。

「おうちホームステイ」は、会話音声の反復練習と、スマートフォンのAI、そしてネイティブによるLINEでのサポートを使って、海外で英会話をするかのように楽しく英語が身につくプログラムです。

この本では、その**「おうちホームステイ」で学ぶ7つのフレーズを、特別に本と無料音声で学んでいただけます。**

◆ アメリカの超有名大学に500名以上が合格！

7つのフレーズは、中学英語しか使わないくらい簡単なのに、「どこでも通用する英語」でもあります。

このメソッドを使って留学支援をするなかで、これまでに500名以上の生徒がハーバード大学、マサチューセッツ工科大学、スタンフォード大学などの名門大学に合格しました。英語が話せなかったのに、たった1ヶ月で有名大学の面接を通過できた方もいらっしゃいます。

◆ 英語がわからない人こそ、まず話してください

それでも「マネするだけで話せるなんて信じられない」「話せる人は文法を知っているからでは？」と思われるかもしれません。それは、あなたがまだ「理解してから身につける」という今までの学習法から抜け出せないからです。**脳のしくみを考えれば、「身につけてから理解する」が正解です。**未経験のことを理解するのは難しいのですから当たり前ですね。

最初は意味がわからなくてもかまいません。間違っても誰も笑ったりしないのでご安心ください。本書についている無料音声を何度も聞いて、聞こえる通りに繰り返し発音してください。

◆ リアルなシーン別の会話例だから忘れない

本書では、入国審査やレストランの予約、ショッピングなど、海外旅行の各シーンを想定した会話例を使って7つのフレーズの使い方をご紹介します。これも脳のしくみから、具体的なイメージとともに集中して学んだほうが身につくことがわかっているからです。

最後まで読み終える頃には、あなたも必ずペラペラ話せるようになります。ぜひ楽しみながら英語学習の旅に出ましょう！

主語動詞グループ

　早速、7つのフレーズの1つ目、主語動詞グループをご紹介します。簡単な自己紹介なら、主語と動詞にひと言加えるだけでできます。

　主語とは「私は」「私の名前は」など「誰が」「何が」にあたる部分です。動詞はその名の通り、動作や状態を表す言葉です。

_{マイ　　ネイミズ　　ユウキ　　ヤマウチ}
My name is Yuki Yamauchi.
　　主語　　　動詞

　私の名前は山内勇樹です。

　まず、覚えていただきたいのは、**英語は「主語＋動詞から始まる」**ということです。日本語では「私の名前は（主語）＋山内勇樹＋です（動詞）」というように動詞に該当する部分が最後になるので、順番が異なります。

_{アイ　アーム　さ～ティナイン　イアズ　　オウるド}
I am 39 years old.
主語動詞

　私は39歳です。

　years oldは「〜歳」という年齢を表します。年齢を重ねているので、1歳の子どもでないかぎり、yearは必ず複数形のsがつきます。

_{アイ　アム　　ふロム　　ヒロシマ}
I am from Hiroshima.
主語動詞

　出身は広島です。

　I am from 〜.で「出身は〜です」と言うことができます。

　主語動詞に関してもう1つ覚えていただきたいのは、**「英語には必ず主語がある」**ということです。もちろん日本語にも主語と動詞（述語）がありますが、日本語では「（私は）出身は広島です」といったように主語が省略されることがあります。英語の主語は省略されません。

I live in Tokyo now.
主語 動詞

今は東京に住んでいます。

liveは「住む」という意味の動詞です。live in 〜でどこに住んでいるか
を相手に伝えることができます。

I'm an English teacher.
主語 動詞

英語の講師です。

職業を伝えるときは、シンプルにI am 〜.（私は〜です）と言えばOK
です。I amはI'mと短縮することもできます。

I play basketball.
主語 動詞

バスケットボールをします。

普段何をしているか、何をするのが趣味かを伝えるときも、難しい文章
を作る必要はありません。

I play piano.（ピアノを弾きます）、I read books.（本を読みます）、I go
on a trip.（旅行をします）など、使う動詞を変えればさまざまなことが言
えます。

このように「主語＋動詞」で始まる文を作るのが英語の基本です。**英語
は、どんなに長くて複雑な文でも主語と動詞が必ずあります。**

主語と動詞を組み立てれば文の6〜7割は完成します。ということは、7
つのフレーズの1つ目にして、もうだいぶ言いたいことが言えるようにな
っているということです。

ぜひ、次のページを参考に、あなた自身の自己紹介を完成させてみてく
ださい。

自己紹介は、たとえばこんなふうに答えることができます。文字に色がついた部分を言い換えてあなたなりにアレンジしましょう。

What's your name? ➡ My name is Aya Sasaki.
あなたの名前は何ですか? 私の名前は佐々木彩です。

How old are you? ➡ I am 32 years old.
あなたは何歳ですか? 私は32歳です。

Where are you from? ➡ I am from Aichi.
出身はどちらですか? 出身は愛知です。

Where do you live? ➡ I live in Chiba now.
どこに住んでいますか? 今は千葉に住んでいます。

What do you do? ➡ I'm an office worker.
何をされていますか? 会社員です。

What do you do in your free time? ➡ I watch movies.
時間があるときは何をしますか? 映画を見ます。

Chapter 1

空港

7つのフレーズ

❷ to グループ

Immigration

① 税関の入国審査

入国審査の場面をイメージしながら、相手がなんと言っている
か考えて、日本語の内容を英語で話してみましょう。間違って
も大丈夫。1つでもいいので、思いつく単語を言ってみましょう。

Immigration

審査官　Passport, please.

あなた　はい、こちらです。

審査官　What's the purpose of your visit?

あなた　観光のためにここに来ています。

審査官 How long are you planning to stay?

あなた ここに10日間、滞在する予定です。

審査官 Where are you going to stay?

あなた セントラルホテルです。

審査官 Do you have a return ticket?

あなた いいえ。
帰りの航空券を買わなくてはなりません。

審査官 Is this your first time to visit this country?

あなた はい、今回が初めての訪問です。

審査官 OK, have a good day.

会話例をチェック！ →

答えは会話例とまったく同じでなくても
OKです。QRコードを使って音声を聞い
て、マネして発音しましょう！

Listen & Talk!

審査官 Passport, please.
パスポートをお願いします。

あなた Here you are.
はい、こちらです。

審査官 What's the purpose of your visit?
入国の目的は何ですか?

あなた I'm here for sightseeing.
観光のためにここに来ています。

審査官 How long are you planning to stay?
どのくらい滞在する予定ですか?

あなた I plan to stay here for ten days.
ここに10日間、滞在する予定です。

審査官 Where are you going to stay?
どこに泊まりますか?

あなた At Central Hotel.
セントラルホテルです。

審査官　Do you have a return ticket?
ドゥユー　ハヴァ　リターン　ティケト

帰りの航空券はお持ちですか？

あなた　No.
ノウ

I have to buy a return ticket.
アイ　ハフトゥ　バイ　ア　リターン　ティケト

いいえ。

帰りの航空券を買わなくてはなりません。

審査官　Is this your first time to visit this
イズ　ずィス　ユア　ふァ～スト　タイム　トゥ　ヴィズィト　ずィス

country?
カントリ

入国は今回が初めてですか？

あなた　Yes, this is my first visit.
イェス　ずィスィズ　マイ　ふァ～スト　ヴィズィト

はい、今回が初めての訪問です。

審査官　OK, have a good day.
オウケイ　ハヴァ　グデイ

わかりました、よい一日を。

> 緊張する入国審査も
> フレーズを覚えておけば
> 安心です!

📖 **words** –

●Here you are.：どうぞ　●purpose：目的　●visit：訪問（入国）

●sightseeing：観光　●how long：どのくらい（の期間）

●for ～ days：～日間　●where：どこに、どこで

●return ticket：帰りの切符（航空券）　●first time：初めて

I plan to stay here for ten days.

ここに10日間、滞在する予定です。

　入国審査の会話を覚えながら、7つのフレーズの2つ目、**toグループ**をマスターしましょう。toグループは、簡単にいろいろな意味の文を作ることができる、とても便利なフレーズです。

　例文のplan toは「〜する予定」という意味です。toグループには他に、**want to（〜したい）、have to（〜しなければならない）、need to（〜する必要がある）、like to（〜することを好む）、prefer to（〜することを好む）** などがあります。

　例文を使って、それぞれどんな意味になるか、見ていきましょう。まず、例文からtoグループを取ってシンプルにするとこうなります。

I stay here for ten days every winter.

毎年、冬はここに10日間、滞在します。

「私はここに10日間、滞在する」という事実を表しています。これだけだと、あらかじめ予定していたのか、その人の希望によるものなのか、義務なのかなど、その行動の背景はわかりませんね。

I plan to stay here for ten days.

ここに10日間、滞在する予定です。

　日本語でも予定や計画のことを「プラン」と言いますね。同様に、**plan toは「今後する予定である」** という意味になります。

I want to stay here for ten days.

ここに10日間、滞在したいです。

want toは、話し手の「したい」という**要望**を表しています。中学校の英語で習って覚えているという人も多いでしょう。誰かに言われたのではなく、本人の意思で希望するという意味になります。

アイ　ハふトゥ　　ステイ　ヒア　ふォ　テン　デイズ
I have to stay here for ten days.
ここに10日間、滞在しなくてはなりません。

have toもよく使われるフレーズで、「しなくてはならない」という**義務**を表します。そうしたくなくても、しなくてはならないということです。なお、have toは「ハヴトゥ」でなく「ハふトゥ」と発音します。

アイ　ニートゥ　　ステイ　ヒア　ふォ　テン　デイズ
I need to stay here for ten days.
ここに10日間、滞在する必要があります。

need toは「〜する必要がある」という意味で、have toと似ていますが、**need toは自分がそうする必要があると思っているとき、have toは自分以外の周りの判断や状況によって「しなくてはならない」**というときに使います。

この他に、さまざまな場面で使えるのが、like toとprefer toです。

アイ　らイク　トゥ　ぷれイ　　バスケットボーる
I like to play basketball.
私はバスケットボールをするのが好きです。

アイ　ぷリふァ〜　トゥ　ゴウ　アウト
I prefer to go out.
私は外に出かけるほうが好きです。

like toはwant toと意味が近いですが、「したい」という欲求を表すwantに比べて、**likeのほうが「そうするのが好き」「好ましい」**というよりソフトな意味になります。**prefer toは、「〜することを好む」**という意味で、**何かと比較している点がlikeとの違い**です。この例文では、「（家の中にいるよりも）外に出かけるほうが好き」という意味になります。

いかがでしょうか？ toグループのフレーズを使うと、いろいろな意味や行動の背景を表すことができますね。どんどん使ってみましょう！

I have to buy a return ticket.

帰りの航空券を買わなくてはなりません。

　have toは「〜しなければならない」という意味で、この例文I have to buy a return ticket.の場合、帰りの航空券を買わなければ日本に帰ることができませんので、本人がそうしたいかどうかに関係なく、「買わなければならない」という意味になります。

　toの後ろに入る動詞を変えて、**toグループ**を使った文の作り方を見てみましょう。

I drink water.
私は水を飲みます。

　toグループは、必ず動詞の前に入りますので、drinkの前にhave toを入れます。

I have to drink water.
私は水を飲まなくてはなりません。

　たとえば、汗をたくさんかいて脱水症状になった…など、飲みたいか飲みたくないかにかかわらず、飲まなくてはならないという状況が伝わりますね。

　have toの前の**主語を変えれば、自分以外の人の義務を表す**こともできます。

You have to drink water.
あなたは水を飲まなくてはなりません。

　この場合は、「あなたが飲みたいかどうかにかかわらず、私はあなたが

水を飲むべきだと判断している」ということです。

　また、toグループのうち、have toと同じく使えると便利なのがwant toです。

I want to drink water.

アイ　ウォントゥ　ドリンク　ウォータ

私は水を飲みたいです。

want toはhave toほどは必要性が高くなく、「喉が渇いたからなんとなく水を飲みたい」「お茶ではなく水を飲みたい」など、話し手が自分でそうしたいと思ったときに使います。

have toとwant toを使うといろいろな状況を伝えることができます。

I have to go to work tomorrow.

アイ　ハフトゥ　ゴウ　トゥ　ワ～ク　トゥマロウ

私は明日仕事に行かなくてはなりません。

You have to take off your shoes here.

ユー　ハフトゥ　テイク　オフ　ユア　シューズ　ヒア

あなたはここで靴を脱がなくてはなりません。

I want to be an English teacher.

アイ　ウォントゥ　ビ　アン　イングリシュ　ティーチャ

私は英語の先生になりたいです。

　このように、I am an English teacher.という文にwant toをつけても、I want to am an English teacher.とはなりません。**主語が誰でも「want to be ～」**となるので、覚えておきましょう。

MEMO

I want to am an English teacher. とは言わない

toのあとには動詞の「原形」をつけるというルールがあります。原形とは、「辞書に載っているそのままの形」です。たとえば、「テニスをしたかった」というときにI want to played tennis.とtoのあとを過去形（P202）にはしませんし、be動詞（P42）が続くときにI want to am an English teacher. とするのは誤りで、主語に何が来てもtoのあとは原形になります。「toのあとは動詞の元の形にする」と覚えておきましょう！

2 ヘルプデスク

ヘルプデスクでホテルへバスで行く方法をたずねます。toグループの否定文や疑問文を使いましょう。作り方は普通の動詞と同じです。間違えてもいいので、ゆっくり考えてみましょう！

スタッフ Hello.
May I help you?

あなた セントラルホテルへ行きたいです。
そうですね、タクシーには乗りたくありません。
バスのほうが望ましいです。

スタッフ　So, you want to take a bus.
All right.
This is the floor guide.
We are here, and the bus stop is here.
Go to bus stop No. 3.

あなた　3番。わかりました。
切符を買わなくてはいけませんか?

スタッフ　Yes, you have to buy a ticket before you get on the bus.

あなた　わかりました。
ありがとうございます!

スタッフ　My pleasure!

会話例をチェック!➡

Listen & Talk!

toグループのフレーズを正しく使えた人も、間違ってしまった人も、音声を聞きながら繰り返し発音しましょう！

スタッフ
へろウ
Hello.
メアイ　へるピュ
May I help you?

こんにちは。
いかがなさいましたか？

あなた
アイ　ウォントゥ　ゴウ　トゥ　セントラる　ホウテる
I want to go to Central Hotel.
ウェる　アイ　ドウント　ウォントゥ　テイカ　タクスィ
Well, I don't want to take a taxi.
アイ　ブリふぁ〜　トゥ　テイカ　バス
I prefer to take a bus.

セントラルホテルへ行きたいです。
そうですね、タクシーには乗りたくありません。
バスのほうが望ましいです。

スタッフ
ソウ　ユー　ウォントゥ　テイカ　バス
So, you want to take a bus.
オーるライト
All right.
ずィスィズ　ざ　ふろー　ガイド
This is the floor guide.
ウィア　ヒア　アン　ざ　バス　スタプ　イズ　ヒア
We are here, and the bus stop is here.
ゴウ　トゥ　バス　スタプ　ナンバ　すリー
Go to bus stop No. 3.

なるほど、バスをご希望ですね。
かしこまりました。
こちらが案内図です。
現在地はこちらで、バス停はこちらです。
3番のバス停に行ってください。

あなた **No. 3. I see.**
<small>ナンバ スリー アイ スィー</small>

Do I have to buy a ticket?
<small>ドゥアイ ハフトゥ バイ ア ティケト</small>

3番。わかりました。
切符を買わなくてはいけませんか?

スタッフ **Yes, you have to buy a ticket before**
<small>イェス ユー ハフトゥ バイ ア ティケト ビふォー</small>
you get on the bus.
<small>ユー ゲトン ざ バス</small>

はい、バスに乗る前に切符をご購入いただかなくてはなりません。

あなた **I understand.**
<small>アイ アンダスタンド</small>

Thank you very much!
<small>さンキュー ヴェリ マチ</small>

わかりました。ありがとうございます!

スタッフ **My Pleasure!**
<small>マイ プれジャ</small>

どういたしまして!

toグループの否定文と
疑問文の作り方は
解説をチェック!

 **words** –

- May I help you?：いかがなさいましたか?（または、いらっしゃいませ）
- take a taxi：タクシーに乗る ● take a bus：バスに乗る
- floor guide：案内図、フロアガイド ● We are here.：現在地はここです
- bus stop：バス停 ● before ～：～する前に
- get on：(乗り物に) 乗る ● My pleasure.：どういたしまして

I don't want to take a taxi.

タクシーには乗りたくありません。

toグループのフレーズは、don'tを使って「〜したくない」「〜しなくてもよい」などの否定文を作ることができます。

I want to take a taxi.

タクシーに乗りたいです。

➡ **I don't want to** take a taxi.

タクシーには乗りたくありません。

wantやhaveなどtoグループに使われる動詞は一般動詞（P42）なので、一般動詞と同じように**前にdon'tを入れて否定文を作ります。**

まずは、toグループではない、普通の一般動詞の否定文の作り方を確認しましょう。

I don't eat raw fish.

私は生の魚を食べません。

動詞の前にdon'tが入っていますね。次に、want toを使った場合の否定文はこうなります。

I don't want to eat raw fish.

私は生の魚を食べたくありません。

否定を表す**don'tを入れる位置は、「動詞 + to」の前です。**たとえばI want to don't eat raw fish.のように、**don'tをtoのあとには入れない**ようにしましょう。

いくつか例文を作ってみましょう。

I have to do the dishes.

私はお皿を洗わなくてはなりません。

➡I don't have to do the dishes.

私はお皿を洗わなくてもよいです。

You need to work out every day.

あなたは毎日運動をする必要があります。

➡You don't need to work out every day.

あなたは毎日運動をする必要はありません。

I like to eat spicy food.

私は辛いものを食べるのが好きです。

➡I don't like to eat spicy food.

私は辛いものを食べるのが好きではありません。

このように **「動詞＋to」の前にdon'tを入れるだけ**で簡単に否定文が作れます。単語を入れ換えて自分が言いたいことを英語にし、口に出して言ってみましょう!

MEMO

英語が身につく近道は「覚える→考える」

この本の各シーンは、日本語の内容を英語で話してみることから始まります。「いきなり英語で話そうとするよりも、単語や文法をきちんと理解してから実践したほうが効果的なのでは?」と思うかもしれませんが、脳のしくみを考えると、「覚える→考える」の順で行うのが正解。スラスラと言えるくらい練習してから文法などを理解したほうが、情報が脳に残りやすく、確実に身につくのです。

Do I have to buy a ticket?

切符を買わなくてはいけませんか?

toグループの疑問文の作り方を見ていきましょう。疑問文は否定文よりもさらに簡単です。**頭にDoをつけて、最後にクエスチョンマークをつける**だけ!　例文を使ってやってみましょう。

I have to buy a ticket.

切符を買わなくてはいけません。

➡Do I have to buy a ticket?

切符を買わなくてはいけませんか?

他のtoグループの動詞も同じように、Doとクエスチョンマークをつけるだけで疑問文になります。

I need to clean my room.

私は部屋を掃除する必要があります。

➡Do I need to clean my room?

私は部屋を掃除する必要がありますか?

You like to watch DVDs on the weekend.

あなたは週末にDVDを見るのが好きです。

➡Do you like to watch DVDs on the weekend?

あなたは週末にDVDを見るのが好きですか?

　疑問文の作り方がわかったら、他にもtoグループを使った疑問文をたくさん作ってみましょう。

　海外に行ったときや、来日した外国の人と話すときに聞いてみたいことを想像しながら英語にすると、より脳に刺激を与えられてしっかりと身につけることができます。

　toグループのフレーズは、**動作の背景にある状況や考えを表すことができる**ことがポイントです。

You prefer to listen to music.

ユー　プリふァ〜　トゥ　リスン　トゥ　ミューズィク

あなたは音楽を聴くほうが好きです。

➡Do you prefer to listen to music?

ドゥユー　プリふァ〜　トゥ　リスン　トゥ　ミューズィク

あなたは音楽を聴くほうが好きですか?

　もちろん、単にDo you listen to music? と聞いても相手が音楽を聴く習慣があるか聞くことはできます。ただ、Do you prefer to listen to music? と聞くと、Actually, I prefer to play music.（実は、音楽を演奏するほうが好きです）など、相手からの返答もより具体的になり、さらに会話が広がりやすくなります。

　余裕があるときは、会話の中にぜひtoグループのフレーズを入れてみてください。

MEMO

相手の英語が聞き取れないときは?

実際の会話では、知っているはずのフレーズでも聞き取れずに困ってしまうことがよくあります。リスニング力は、相手の話すスピードやアクセント、その場の状況や自分の集中力などに左右されるので無理もありません。そんなときは、Can you speak more slowly?（もう少しゆっくり話してもらえますか?）、Can you say that again?（もう一度言ってもらえますか?）、Excuse me? またはSorry? などと言って、聞き直してみましょう。

be動詞と一般動詞

　22ページで説明したように、英語には必ず主語と動詞があります。そして、動詞にはbe動詞と一般動詞の2つがあります。be動詞は「〜である」「〜にいる」などの状態を表す動詞で、一方の一般動詞は「〜する」などの動作を表します。

---

be動詞と一般動詞の違い

● **be動詞**
主語の状態を表す動詞。I am fine.（私は元気です）、She is a teacher.（彼女は教師です）、They are at home.（彼らは家にいます）など、「〜である」「〜にいる」という意味で使われる。

● **一般動詞**
I go to work.（私は仕事に行きます）、You sing a song.（あなたは歌を歌います）など、主語の動作を表す動詞。

例 eat, go, have, like, see, talk, want

　一般動詞は数多くありますが、be動詞は現在形と過去形を合わせても5種類だけです。be動詞の現在形は、主語は誰か、単数か複数かによって使い分けます。下の表で確認しましょう。なお、be動詞の原形はbeです。

主語とbe動詞の現在形

主語	be動詞（現在形）
私(I)	am
あなた(you)	are
私とあなた以外の人 (he, she, a girl, Johnなど)	is
物や動物 (it, a book, a birdなど)	is
複数形の人や物、動物 (we, they, girls, books, birds)	are

be動詞と一般動詞は、否定文と疑問文の作り方も異なるので、それぞれ確認しておきましょう。

まず、比較的簡単なbe動詞の否定文・疑問文を覚えましょう。be動詞の否定文は、be動詞のあとにnotを入れます。疑問文は、be動詞と主語を入れ換えるだけで作れます。

もとの文　**He is a student.**
彼は学生です。

否定文　**He is not a student.**
彼は学生ではありません。

疑問文　**Is he a student?**
彼は学生ですか?

一般動詞は、否定文は動詞の前にdo not（don't）を入れて作り、疑問文は主語の前にDoを入れて作ります。be動詞のように、ただnotをつけたり、主語と動詞を入れ換えたりするだけではないので、文の形の違いに注意しましょう。

もとの文　**You speak English.**
あなたは英語を話します。

否定文　**You do not speak English.**
あなたは英語を話しません。

疑問文　**Do you speak English?**
あなたは英語を話しますか?

be動詞は現在進行形に、一般動詞はtoグループのフレーズに応用でき、どちらも英語の基本となる動詞です。実際の会話で正しく使えていれば細かい文法的なことは覚えなくてもかまいませんが、おおまかな違いを確認して、使い方をマスターしておきましょう。

空港という名の玄関から
新しい世界へ出発!

　私が初めて海外に行ったのは、中学生のときに親に頼み込んで参加させてもらった、アメリカのシアトルでの2週間のホームステイでした。成田空港からシアトルのタコマ空港へ、約10時間のフライトでした。

　空港は空の玄関ともいいますが、本当にその通り。期待やワクワクする気持ちとともに、空港という名の玄関を通って海外へ行くんですよね。

　税関では事前の練習どおり、Sightseeing. It's a group tour.（観光です。グループ旅行です）と訳もわからず英語で一生懸命に説明した記憶があります。

　初めてネイティブと英語で話すのですから、中学生にとってはドキドキものです。グループ旅行とはいえ、税関はひとりで通過しますから、ひとりで初めての英会話をするのです。とてもワクワクしました。「ああ、日本とまったく違うな!」と感じましたね。正直、その後のホームステイ中のことはあまり覚えていませんが（もう25年以上前ですから）、私の人生の選択肢を大きく広げてくれた岐路となる経験でした。

　Departure（出発）という言葉を空港の出発ロビーで見ます。飛び立っていくのは飛行機なのですが、その人自身の出発でもありますよね。新しい経験、ワクワクへの出発です。夢と期待に詰まった空港で、行き交う人たちの顔を見て人間観察をしてみるのは結構楽しいですよ!

◀ Let's Talk! ▶
おすすめのレストランを聞こう

ホテルのフロントでおすすめの日本食レストランを聞きます。日本語の内容を英語で言いましょう。want to や have to のフレーズと、否定文や疑問文も使ってチャレンジしてみてください。

あなた　日本食のレストランに行きたいです。

フロント　What do you want to eat?
Sushi, tempura or sukiyaki?

あなた　寿司は食べたくありません。
すき焼きを食べたいです。

フロント　I know a very good sukiyaki restaurant.
Do you want to go there?

あなた　はい、行きたいです。
予約をしなくてはいけませんか?

フロント　No, you don't have to.
I can make a reservation for you.

あなた　本当にありがとうございます。

会話例は次のページ！➡

あなた　I want to go to a Japanese restaurant.

日本食のレストランに行きたいです。

フロント　What do you want to eat?
Sushi, tempura or sukiyaki?

何を食べたいですか？　寿司、天ぷら、またはすき焼きですか？

あなた　I don't want to eat sushi. I want to eat sukiyaki.

寿司は食べたくありません。すき焼きを食べたいです。

フロント　I know a very good sukiyaki restaurant.
Do you want to go there?

とてもいいすき焼きのレストランを知っています。そこに行きたいですか？

あなた　Yes, I want to go there.
Do I have to make a reservation?

はい、行きたいです。予約をしなくてはいけませんか？

フロント　No, you don't have to.
I can make a reservation for you.

いいえ、予約はしなくていいです。私が代わりに予約します。

あなた　Thank you very much.

本当にありがとうございます。

AIで英会話レッスン　**AIを使っておうちでホームステイ体験！**

海外旅行や留学をしなくても、海外でホームステイをしているかのように英語で会話をする機会を増やせます。iPhoneのSiriやAndroidのGoogleアシスタントに英語で話しかけたり、Google翻訳で発音や英訳をチェックしたりできます。使い方は74ページからご紹介するので、ゲーム感覚で楽しみながらやってみましょう！

Chapter 2

レストラン

7つのフレーズ

❸助動詞グループ

① 予約をとる

レストランの予約ができると、海外でも食事の楽しみが広がります。ぜひチャレンジしてみてください！ これまでに習ったtoグループのフレーズも使ってみましょう。

店員　Hi, this is Tommy's Restaurant.

あなた　こんにちは。予約をしたいです。

店員　For how many people?

あなた　2名でお願いします。

店員 Two people, I got it.
On which day, and what time?

あなた 8月20日の午後7時からです。

店員 7 PM, for two people...
We can reserve the space for two
hours only.
Is that OK?

あなた はい、大丈夫です。
午後9時までには食べ終わるでしょう。

店員 Can I have your name and phone
number?

あなた 高田麻衣です。
電話番号は090-1234-5678です。

店員 Thank you.
We look forward to your visit.

会話例をチェック！

Listen & Talk!

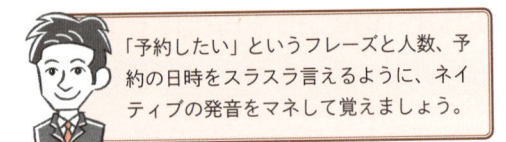

「予約したい」というフレーズと人数、予約の日時をスラスラ言えるように、ネイティブの発音をマネして覚えましょう。

店員　Hi, this is Tommy's Restaurant.
こんにちは、トミーズレストランです。

あなた　Hi. I want to make a reservation.
こんにちは。予約をしたいです。

店員　For how many people?
何名ですか?

あなた　For two people, please.
2名でお願いします。

店員　Two people, I got it.
On which day, and what time?
2名ですね、わかりました。何日の何時からですか?

あなた　On August 20th from 7 PM.
8月20日の午後7時からです。

店員　7 PM, for two people...
We can reserve the space for two
hours only.
Is that OK?

午後7時から2名ですね…。
2時間しか席をお取りできませんが、よろしいですか?

あなた **Yes, that's fine.**
はい、大丈夫です。

We will finish eating by 9 PM. 🔍
午後9時までには食べ終わるでしょう。

店員 Can I have your name and phone number?
お名前とお電話番号をいただけますか?

あなた My name is Mai Takada.
My phone number is
0 9 0 - 1 2 3 4 - 5 6 7 8.
高田麻衣です。 電話番号は090-1234-5678です。

店員 Thank you.
We look forward to your visit.
ありがとうございます。 ご来店をお待ちしております。

📖 **words** –

- make a reservation:予約をする • how many people:何名
- which day:何日、どの日 • what time:何時
- ~ hours only:~時間だけ • finish ~ing:~し終える
- Can I have ~?:~をいただけますか?
- look forward to ~:~を楽しみにしている

I want to make a reservation.

予約をしたいです。

　1章でご説明した**toグループ**を使ったI want to 〜のフレーズですが、答えられたでしょうか？　レストランのほか、ホテルなどの予約にも使えるフレーズなので、I want to make a reservation.をセットで覚えましょう。
　want toが使えるようになったら、次は言い換えです。I want to 〜は「〜をしたい」という自分の要望をはっきりと伝える表現ですが、**want toをwould like toに言い換えると、より控えめで丁寧な印象**になります。

I want to make a reservation.
アイ　ウォントゥ　メイク　ア　レザヴェイション

予約をしたいです。

I would like to make a reservation.
アイ　ウド　らイク　トゥ　メイク　ア　レザヴェイション

予約をしたいのですが。

「できればこうしたい」と控えめにお願いしたいときや、相手が目上の人の場合など、より丁寧でフォーマルな雰囲気で話したいときに、ぜひ使ってみましょう。

I would like to go to the bathroom.
アイ　ウド　らイク　トゥ　ゴウ　トゥ　ざ　バすルーム

トイレに行きたいのですが。

I would like to see the wine list.
アイ　ウド　らイク　トゥ　スィー　ざ　ワイン　リスト

ワインリストを見たいのですが。

I would like to sit at the counter.
アイ　ウド　らイク　トゥ　スィト　アト　ざ　カウンタ

カウンター席に座りたいのですが。

I would like to move to a different room.
アイ ウド ライク トゥ ムーヴ トゥ ア ディファレント ルーム

別の部屋に移りたいのですが。

また、I would like to ～.は、短縮してI'd like to ～.とすることもできます。

I'd like to have water without ice.
アイド ライク トゥ ハヴ ウォータ ウィザウト アイス

お水を氷なしでいただきたいのですが。

I'd like to delay my checkout.
アイド ライク トゥ ディレイ マイ チェカウト

チェックアウトを遅らせたいのですが。

I'd like to try this on.
アイド ライク トゥ トライ ずィス オン

これを試着したいのですが。

I'd like to see it.
アイド ライク トゥ スィー イト

それを見たいのですが。

toのあとの動詞を入れ換えればOK!

2 レストラン ---- 予約をとる

want toと言っても、would like toまたはI'd like toと言っても、言いたいことはきちんと相手に伝わります。ただ、これらを話す相手や場面で使い分けられると、「この人はなかなか英語を知っているな、上手だな」と思ってもらえます。できそうなときは、ぜひTPOに合わせて使い分けてみてください。

MEMO

日づけや時間の表現

英語で日づけをいうときは、July 15th（7月15日）、September 23rd（9月23日）など、日を表す数字に序数（st, nd, rd, th）をつけます。下一桁が1のときはfirstのst、2はsecondのnd、3はthirdのrd、4以降はthがつきます。時間をいうときは、午前午後を表すAMとPMを使います。午前10時は10 AM、午後8時は8 PMとなります。間違えてAM 10やPM 8としてしまいがちですが、「AMとPMは時刻のあとにつける」と覚えておきましょう。

We will finish eating by 9 PM.

午後9時までには食べ終わるでしょう。

2章では、レストランで使える表現をいくつかご紹介しながら、7つのフレーズの3つ目、助動詞グループの使い方をご説明します。

助動詞は、その名の通り「動詞を助ける」役割があり、toグループと同じく、動詞の前に足すだけで動詞にさまざまな意味を足してくれる頼もしい存在です。

助動詞には、will（〜するだろう、〜するつもり）、can（〜できる）、should（〜したほうがよい）、must（〜しなければいけない）、may（〜するかもしれない、〜してもよい）などがあります。

助動詞は、toグループと同じように動詞の前につけましょう。

We finish eating by 9 PM.
ウィ　ふィニッシュ　イーティング　バイ ナイン ビーエム

午後9時までには食べ終わります。

➡ We will finish eating by 9 PM.
ウィ　ウィる　ふィニッシュ　イーティング　バイ ナイン ビーエム

午後9時までには食べ終わるでしょう。

willは未来や意志（P68）を表します。未来を表す場合は、next weekやtomorrowなどの未来を表す言葉が文末に入ることがあります。

It will rain tomorrow.
イト　ウィる　レイン　トゥマロウ

明日は雨が降るでしょう。

I will visit my mother next week.
アイ　ウィる　ヴィズィト　マイ　マざ　ネクスト　ウィーク

私は来週、母に会いに行きます。

　助動詞をつけると、それだけで文全体の意味が変わります。例文で見てみましょう。

I play piano.
私はピアノを弾きます。

➡ **I can play piano.**

私はピアノを弾くことができます。

助動詞を入れる
のは動詞の前です!

You check the receipt.
あなたはレシートを確認します。

➡ **You should check the receipt.**

あなたはレシートを確認したほうがいいです。

You attend the meeting.
あなたは会議に出席します。

➡ **You must attend the meeting.**

あなたは会議に出席しなくてはなりません。

　また、**助動詞のあとに入る動詞はtoグループのときと同じく「動詞の元のままの形」になります**（P33）。

That is true.
それは真実です。

➡ **That may be true.**

それは真実かもしれません。

「～してもよい」の意味のmayはMay I ～?と疑問文（P61）で使われることが多いので、のちほどご説明します。

② 注文をする

注文するときは「〜をいただけますか」「〜が食べたいです」といった決まったフレーズを使います。できるだけ単語1つではなくフレーズで答えましょう。

店員　Would you like something to drink?

あなた　コーラをいただけますか？
彼女にはお水をいただけますか？

店員　Yes, right away.

店員 Are you ready to order?

あなた はい。サラダとグリルステーキをお願いします。

店員 How would you like your steak?

あなた ミディアムレアでお願いします。

～～～～

店員 Would you like anything else?
Wine with your steak?

あなた 私はアルコールは飲めません。
もうほとんどお腹がいっぱいです。
そうですね、デザートが食べたいです。

店員 Then, I recommend the homemade cheesecake.

あなた チーズケーキは大好きです。
それを2ついただけますか?

店員 Sure.
On the double!

会話例をチェック! ➡

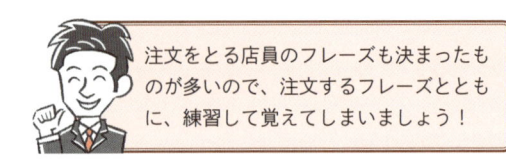

Listen & Talk!

店員 ウジュー らイク サムすィんぐ トゥ ドリンク
Would you like something to drink?

お飲み物はいかがですか？

あなた キャナイ ハヴ コウク
Can I have coke?

キャン シー ハヴ ウォータ
Can she have water?

コーラをいただけますか？　彼女にはお水をいただけますか？

店員 イェス らイダウェイ
Yes, right away.

はい、ただ今お持ちします。

~~~~~~

店員 アユー レディ トゥ オーダ
Are you ready to order?

ご注文はお決まりですか？

あなた イェス キャンウィ ハヴァ さらド アン ア グリルド
Yes. Can we have a salad and a grilled

ステイク
steak?

はい。サラダとグリルステーキをお願いします。

店員 ハウ ウジュー らイク ユア ステイク
How would you like your steak?

ステーキの焼き加減はどのようになさいますか？

あなた ウィ プリふァ～ ミーディアム レア
We prefer medium rare.

ミディアムレアでお願いします。

~~~~~~

店員　Would you like anything else?
ウジュー　　ライク　　エニすィンぐ　エるス

Wine with your steak?
ワイン　　ウィず　ユア　ステイク

何か他にご注文はございますか?
ステーキとご一緒にワインなどいかがですか?

あなた　I can't drink alcohol.
アイ　キャント　ドリンク　　アるコホーる

We are almost done.
ウィア　　オーるモウスト　　ダン

Well, I want to have some dessert.
ウェる　アイ　ウォントゥ　ハヴ　サム　ディザ〜ト

私はアルコールは飲めません。
もうほとんどお腹がいっぱいです。
そうですね、デザートが食べたいです。

店員　Then, I recommend the homemade
ぜン　アイ　レコメンド　　ざ　　　ホウムメイド

cheesecake.
チーズケイク

それでしたら、自家製のチーズケーキをおすすめいたします。

あなた　I love cheesecake.
アイ　らヴ　チーズケイク

Can we have two of those?
キャンウィ　　ハヴ　トゥー　オヴ　ぞウズ

チーズケーキは大好きです。それを2ついただけますか?

店員　Sure. On the double!
シュア　オン　ざ　ダブる

かしこまりました。すぐにお持ちいたします!

📖 **words** –

- Would you like 〜?：〜はいかがですか?　●something to drink：飲み物
- Can I have 〜?：〜をいただけますか?　●order：注文する
- medium rare：ミディアムレア　●anything else：何か他のもの
- almost done：ほとんどお腹がいっぱい（あと少しで終わる）
- recommend 〜：〜をすすめる　●〜 of those：それらを〜個

Can I have coke?

コーラをいただけますか?

Can I have 〜?は、レストランで注文をするときによく使う助動詞グループの疑問文です。依頼をしたり許可を得たりすることができます。

助動詞は主語と助動詞の順序を入れ換えてクエスチョンマークをつけるだけで疑問文ができ、主語が誰でも助動詞の形が変わらないので簡単です。

アイ　キャン　テイク　ピクチャズ　ヒア
I can take pictures here.

私はここで写真を撮ることができます。

キャナイ　テイク　ピクチャズ　ヒア
➡Can I take pictures here?

ここで写真を撮ることはできますか?(撮ってもいいですか?)

Can I have〜?は食事を注文するときなどによく使われます。**何か欲しいときは、Can I have 〜?のあとに欲しいものを入れればOK!**　主語をI (私)以外に変えると一緒にいる人が欲しいものも伝えることができます。

キャナイ　ハヴ　フレンチ　フライズ
Can I have French fries?

フライドポテトをいただけますか?

キャナイ　ハヴ　ずィス　ワン
Can I have this one?

これをいただけますか?

キャン　シー　ハヴ　ウォータ
Can she have water?

彼女に水をいただけますか?

料理名がわからないときは、メニューを指差してthis one(これ)と言えば伝わります。

Can I 〜?は、動詞をhave以外に変えれば、食べ物の注文をするとき以外にもさまざまな場面で使うことができます。よく使いそうな例文を見てみましょう。

キャナイ　スィッ　ヒア
Can I sit here?
ここに座ってもいいですか?

キャナイ　ユーズ　ヂャパニーズ　イェン
Can I use Japanese yen?
日本円を使えますか?

キャナイ　トライ　ずィーズ　シューズ　オン
Can I try these shoes on?
この靴を履いてみてもいいですか?

また、Can I 〜?をMay I 〜?と言い換えると、より丁寧になります。

メアイ　タチ　ずィス
May I touch this?
これに触ってもよろしいですか?

メアイ　カミン
May I come in?
入ってもよろしいですか?

メアイ　アスク　ア　クウェスチョン
May I ask a question?
質問をしてもよろしいですか?

Can I 〜? と
May I 〜? は
いろいろな場面で
使えますよ!

Can I 〜?やMay I 〜?はとてもよく使うフレーズです。実際の場面を想定して、いろいろな文を作って話してみましょう。

🖊 useful words
外食で使える単語

● ナイフ：knife ● フォーク：fork ● 箸：chopsticks
● 小皿：small plates ● 取り皿：serving plates
● おかわり：another one, seconds ● 会計：check
● 持ち帰り：to-go ● 店内（で食べる）：for here

I can't drink alcohol.

私はアルコールは飲めません。

　I cannot（can't）〜.（私は〜ができません）は、助動詞グループのcanの否定形を使ったフレーズです。**助動詞は、後ろにnotをつけるだけで否定形になります。**

　主語が誰であっても、I cannot 〜. You cannot 〜. He cannot 〜. と、否定形の部分は同じ形になるので、とても簡単に否定形の文を作ることができます。

アイ　キャン　ドリンク　ア&コホー&

I **can** drink alcohol.

私はアルコールが飲めます。

アイ　　キャンナ&　　（キャント）　ドリンク　　　ア&コホー&

➡I **cannot**（**can't**）drink alcohol.

私はアルコールが飲めません。

アイ　ウィ&　スィー　ヒム　　アゲン

I **will** see him again.

私はまた彼に会うでしょう。

アイ　ウィ&　ナト　スィー　ヒム　　アゲン

➡I **will not** see him again.

私はまた彼に会うことはないでしょう。

ユー　　シュド　ゴウ　ゼア

You **should** go there.

あなたはそこに行くべきです。

ユー　　シュド　　ナト　ゴウ　ゼア

➡You **should not** go there.

あなたはそこに行くべきではありません。

You ユー マスト must ドゥ do イト it.

あなたはそれをすべきです。

➡You ユー マスト must ナト not ドゥ do イト it.

あなたはそれをしてはなりません。

shouldとmustの否定形は、「～すべきではない」「～してはならない」という意味になります。似た意味があるtoグループのhave toの否定形は、「～しなくてもよい」となり、意味が異なります。

This ずィス train トレイン may メイ stop スタプ at アト the ざ next ネクスト station. ステイション

この電車は次の駅で停まるかもしれない。

➡This ずィス train トレイン may メイ not ナト stop スタプ at アト the ざ next ネクスト station. ステイション

この電車は次の駅で停まらないかもしれない。

You ユー may メイ speak スピーク here. ヒア

あなたはここで話してもよいです。

➡You ユー may メイ not ナト speak スピーク here. ヒア

あなたはここで話してはいけません。

must notと「～してはいけない」という意味のmay notは、どちらも日本語では似た訳になりますが、may notは「許可しない」、must notは「禁止する」となり、禁止の度合いが異なります。

MEMO

食物アレルギーがあるときは?

食物アレルギーがあることを伝えるときは、I'm allergic to ～.というフレーズが使えます。I'm allergic to dairy.（私は乳製品アレルギーがあります）と食材名を入れましょう。日本と同じように、事前にアレルギーの確認をしたり、メニューにアレルギー表示をする飲食店もあります。

③ 会計をする

会計の場面で、ただ黙ってお金を支払うのはNG。ひと言でもよいので、支払い方法などについて店員と会話をしましょう。さらに食事についての感想も述べられるとスマートです！

あなた　お会計をお願いできますか？

店員　I will bring the bill right away.
Together or separate?

あなた　一緒で。

店員　How would you like to pay?

あなた　クレジットカードで支払います。

店員　Sign here, please.

あなた　はい、こちらです。

店員　Thank you.
　　　Here is your receipt.

あなた　本当にありがとうございます!
　　　友人にもこのお店をおすすめしておきます。

店員　How nice!
　　　See you tomorrow!

あなた　（＾＾）

会話例をチェック! ➡

Listen & Talk!

会計を依頼する、まとめて払うか別々に払うか、支払い方法はどうするかなど、ポイントになるフレーズに注目しましょう。

あなた **Can I have the check?**
キャナイ ハヴ ざ チェク

お会計をお願いできますか？

店員 **I will bring the bill right away.**
アイ ウィぅ ブリンぐ ざ ビぅ ライダウェイ
Together or separate?
トゥゲざ オ セパレイト

ただ今、お勘定をお持ちいたします。
お会計はご一緒ですか、別々ですか？

あなた **Together.**
トゥゲざ

一緒で。

店員 **How would you like to pay?**
ハウ ウジュー らイク トゥ ペイ

お支払いはどのようになさいますか？

あなた **I will pay by credit card.** 🔍
アイ ウィぅ ペイ バイ クレディッ カード

クレジットカードで支払います。

現金で払うときは
I will pay by cash.
と言います

店員 **Sign here, please.**
サイン ヒア ブリーズ

こちらにサインをお願いします。

あなた **Here you are.**
ヒア ユアー

はい、こちらです。

店員 **Thank you.**
（サンキュー）
Here is your receipt.
（ヒアリズ ユア リスィート）

ありがとうございます。こちらがレシートです。

あなた **Thank you very much!**
（サンキュー ヴェリ マチ）
I will recommend this place to my
（アイ ウィる レコメンド ずィス プれイス トゥ マイ）
friends.
（ふレンズ）

本当にありがとうございます!
友人にもこのお店をおすすめしておきます。

店員 **How nice!**
（ハウ ナイス）
See you tomorrow!
（スィー ユー トゥマロウ）

すばらしい! 明日もご来店をお待ちしています!

あなた **(^^)**

canやwillを使って
文が作れましたか?
音声を聞いてマネして
反復練習しましょう!

 **words** –

- Can I have the check?：お会計をお願いできますか?
（伝票をいただけますか?）
- bill：勘定　● together：一緒に、まとめて　● separate：別々に
- pay：支払う　● by credit card：クレジットカードで
- sign：サイン、署名　● Here is ～.：こちらが～です。
- receipt：レシート

I will pay by credit card.

クレジットカードで支払います。

　意志を表す**will**は、海外旅行中にもさまざまな場面で使えます。あとに続く動詞を変えていくつか例文を作ってみましょう。

アイ　ウィる　ペイ　バイ　キャシュ
I will pay by cash.

現金で支払います。

ウィ　ウィる　ハヴ　ブレクふァスト　アト セヴン エイエム　トゥマロウ
We will have breakfast at 7 AM tomorrow.

私たちは明日、朝7時に朝食を食べます。

アイ　ウィる　チェキン　マイ　スートケイス
I will check in my suitcase.

私はスーツケースを手荷物で預けます。

ウィ　ウィる　ゴウ　ぜア　バイ　カー
We will go there by car.

私たちはそこに車で行きます。

　また、**will**は**be going to**で言い換えが可能です。

アイ　ウィる　ペイ　バイ　クレディト　カード
I will pay by credit card.

クレジットカードで支払います。

アイ　アム　ゴウインぐ　トゥ　ペイ　バイ　クレディト　カード
I am going to pay by credit card.

クレジットカードで支払います。

　その他にも、**人にある行動を勧める場合は、should**と**have to**、**must**で**言い換えが可能**です。**should→have to→must**の順で強制する度合いが強くなっていきます。

You **should** quit smoking.

禁煙したほうがいいですよ。

You **have to** quit smoking.

禁煙するべきです。

You **must** quit smoking.

禁煙しなくてはなりません。

shouldは「禁煙したほうがいいですよ」という助言、have toは「禁煙すべきです」という提案、mustは「禁煙しなくてはなりません」という命令や強制の意味になります。

mustは、「〜しなくてはならない」という意味が最も強く、いわゆる「上から目線」のイメージがある単語です。実際の会話でYou must〜.を使うと、命令しているようになり、相手を怒らせてしまうこともあります。よほどのことがないかぎりは、mustは使わずshouldやhave toを使ったほうがよいでしょう。

助動詞グループやtoグループの他にも、これからご紹介するフレーズは他のフレーズと言い換えが可能なものもあります。**英語を話すときは、他のフレーズで言い換えができないか考えてみましょう**。さまざまなフレーズで言い換えができると、それだけで「この人は英語ができるな」という印象を持ってもらえますよ!

MEMO

ネイティブが使うwant toの意外な意味

mustはshouldやhave toでも言い換えができますが、より相手の気分を害さずに「〜したほうがいい」と伝えたいときにネイティブがよく使うのがwant toです。この場合は「〜したい」ではなく「〜したほうがいい」という遠回しな表現になり、You want to read this book. (この本を読んだほうがいいですよ) というように使われます。同じく You might wanna 〜.もネイティブがよく使う婉曲表現です。

助動詞

助動詞は、動詞に「〜するだろう」「〜できる」などの意味を足す補助的な役割をしています。助動詞にはさまざまな種類や意味がありますが、基本的なものとして次の5つを覚えておきましょう。

主な助動詞の種類と意味

助動詞	意味
will	〜するだろう、〜するつもり
can	〜できる
should	〜したほうがよい
must	〜しなくてはいけない
may	〜するかもしれない、〜してもよい

助動詞は動詞の前に入り、助動詞がついたときは、後ろの動詞は必ず元の形（原形）にします。そのため、助動詞のあとにbe動詞がつく場合は、amやisやareではなく原形のbeになります。

She <u>draws</u> beautiful pictures.

彼女は美しい絵を描きます。

She <u>can draw</u> beautiful pictures.

彼女は美しい絵を描くことができます。

I <u>am</u> in Osaka today.

私は今日、大阪にいます。

I <u>will be</u> in Osaka tomorrow.

私は明日、大阪にいるでしょう。

助動詞の否定文と疑問文の作り方はbe動詞に似ています。否定文は助動詞のあとにnotをつけ、疑問文は主語と助動詞の順番を逆にします。

もとの文	**You <u>can</u> drive a car.**
	あなたは車の運転ができます。

否定文	**You <u>cannot</u> drive a car.**
	あなたは車の運転ができません。

疑問文	**<u>Can you</u> drive a car?**
	あなたは車の運転ができますか?

助動詞のなかには過去形があるものもあります。助動詞の過去形は過去の時間を表すというよりも、より控えめで丁寧な気持ちを表すときに使います。

主な助動詞の過去形として、could（canの過去形）とwould（willの過去形）を覚えておきましょう。Can I 〜? や Can you 〜? のほか Will you 〜? も人に何かお願いするときに使えるフレーズですが、過去形にするとより丁寧な印象になります。

<u>Can I</u> see the menu?
メニューを見せてもらえますか?

<u>Could I</u> see the menu?
メニューを見せていただけますか?

<u>Will you</u> pass me the salt?
塩を取ってもらえますか?

<u>Would you</u> pass me the salt?
塩を取っていただけますか?

canやwillなどの助動詞は、人に何かをお願いしたり許可を得たりするときによく使います。使い方をマスターしておきましょう。

食事をするときの
チップのスマートな払い方

　私は高校卒業後、アメリカのロサンゼルスに留学しましたが、「留学生活で一番の思い出は？」と聞かれたら、レストランでの食事ですね。

　ロスにも日本食レストランはたくさんあります。私も日本人なので、やはり日本食が恋しくなりました。ときどき友だちと日本食レストランに行き、そこで偶然、将来の妻となる人と出会うことになりました。その日本食レストラン「紀ノ川」で私の人生は変わったといえるでしょう。

　個人的な話はさておき、レストランで困ったのはチップです。いくら払うのか、どう払うのか、最初はわかりませんでした。経験していくうちにわかりましたが、相場は15%くらいで、現金でKeep your change.（おつりは取っておいて）と言って渡すか、カード払いの場合は、サインするときにチップの額を指定して食事代と合算してカードを切ります。

　ちなみに、ファストフードやショッピングモールにあるようなフードコートではチップは払いません。バーでアルコールを注文するときは、1つドリンクを頼むごとに1ドル札を渡します。また、店によっては、あらかじめ定率のチップ分を上乗せして会計を持ってくるところもあります。その場合には、その率のチップを払うのが一般的です。

　海外に行くときは、その国のチップについて調べておくとスムーズに会計ができますよ。

◀ Let's Talk! ▶
追加の注文をしてみよう

友人と3人で食事中に、店員から追加の注文を聞かれました。canや
want toを使って答えてみましょう。誰の注文をお願いするかによっ
て主語を変えるのがポイントです。

店員 Would you like anything else?

あなた 彼にコーラをいただけますか？
私にはビールのおかわりをいただけますか？

店員 Sure. How about spicy chicken with
your beer?

あなた 私は辛い食べ物は食べられません。
何か他のものを食べたいです。

店員 How about hamburgers?

あなた いいですね。
チーズバーガーを2つとチキンバーガーを
1ついただけますか？

店員 Yes, right away.

会話例は次のページ！➡

店員 Would you like anything else?

何か他にご注文はございますか？

あなた Can he have coke?
Can I have another beer?

彼にコーラをいただけますか？　私にはビールのおかわりをいただけますか？

店員 Sure. How about spicy chicken with your beer?

かしこまりました。ビールと一緒にスパイシーチキンはいかがですか？

あなた I can't eat spicy food.
I want to eat something else.

私は辛い食べ物は食べられません。
何か他のものを食べたいです。

店員 How about hamburgers?

ハンバーガーはいかがですか？

あなた Sounds good.
Can we have two cheeseburgers and one chicken burger?

いいですね。チーズバーガーを2つとチキンバーガーを1ついただけますか？

店員 Yes, right away.

はい、ただいまお持ちします。

AIで英会話レッスン　翻訳アプリで発音を練習しよう

Google翻訳の「会話」のモードでCan I have a grilled steak?とマイクに話しかけます。発音が上手にできれば、「グリルステーキはありますか」という日本語の音声が流れ、can I have a grilled steakと英語で表示されます。haveがhub、grilledがgradeなど間違って認識された場合は、発音を練習してもう一度話してみましょう。

Chapter 3

道案内

❹There is/areグループ

① 道順を教える

日本に来た海外からの旅行者に道をたずねられるシーンです。
Excuse me.と言われるとつい身構えてしまいそうですが、実は
道案内は難しくありません。まずは気軽に、Let's try!

相手 Excuse me.
How can I get to the nearest
station?

あなた こちらです。3分、歩き続けてください。
信号のある交差点があります。

相手 I see. An intersection.

あなた　はい。交差点で右に曲がってください。
　　　　歩き続けると、池が見えてきます。
　　　　左に曲がると、駅はすぐそこです。

相手　An intersection, turn right.
　　　A pond, turn left.

あなた　はい。その通りです。

相手　Is there a tourist information center
　　　at the station?

あなた　いいえ。観光案内所はありません。
　　　　でも、警察署はあります。

相手　I got it.
　　　How long does it take?

あなた　えーと、歩いて10分くらいかかりますね。

相手　Thank you very much for your help!

会話例をチェック！→

Listen & Talk!

道案内にはパターンがあるので繰り返して覚えましょう！　相手が言うフレーズも自分が道を聞くときに使えますよ。

相手　Excuse me.
How can I get to the nearest station?

すみません。一番近い駅にはどのように行けばいいですか？

あなた　This way. Keep walking for three minutes. There is an intersection with a traffic signal. 🔍

こちらです。3分、歩き続けてください。信号のある交差点があります。

相手　I see. An intersection.

なるほど。交差点ですね。

あなた　Yes. Turn right at the intersection.
Keep walking, and you'll see a pond.
Turn left, and the station is right there.

はい。交差点で右に曲がってください。
歩き続けると、池が見えてきます。左に曲がると、駅はすぐそこです。

相手　An intersection, turn right. A pond, turn left.

交差点で右に曲がって、池で左に曲がる。

あなた **Yes. That's right.**
<small>イェス ザッ ライト</small>

はい。その通りです。

相手 **Is there a tourist information center at the station?**
<small>イゼア ア トゥアリスト インふォメイション センタ アト ざ ステイション</small>

駅に観光案内所はありますか?

あなた **No. There is no tourist information center.**
<small>ノウ ぜアリズ ノウ トゥアリスト インふォメイション センタ</small>

But there is a police station.
<small>バト ぜアリザ ポリース ステイション</small>

いいえ。観光案内所はありません。でも、警察署はあります。

相手 **I got it. How long does it take?**
<small>アイ ガリッ ハウ ろーんぐ ダズィト テイク</small>

わかりました。どのくらいかかりますか?

あなた **Hmm, it'll take about 10 minutes on foot.**
<small>フンン イトる テイカバウト テン ミニッ オン ふト</small>

えーと、歩いて10分くらいかかりますね。

相手 **Thank you very much for your help!**
<small>サンキュー ヴェリ マチ ふォ ユア へるプ</small>

教えていただき、本当にありがとうございます!

📖 **words** –

- nearest：最も近い　●keep ～ing：～し続ける
- for ～ minutes：～分間　●intersection：交差点
- traffic signal：信号　●turn ～：～へ曲がる　●pond：池
- right there：すぐそこに　●That's right.：その通りです。
- tourist information center：観光案内所　●police station：警察署
- How long does it take?：（時間が）どのくらいかかりますか?
- about ～ minutes：約～分　●on foot：徒歩で

There is an intersection with a traffic signal.

信号のある交差点があります。

「道案内は難しい」と身構えてしまう人もいるかもしれませんが、実はそれほど難しくはありません。**道案内は「目印となる交差点や建物などを示す」「直進、右折、左折の指示をする」の繰り返し**です。パターンを覚えて、道順に沿って説明すれば、必ず伝わります。

　目印を伝えるときに使うのが7つのフレーズの4つ目、「〜がある」という意味のThere is/areグループです。まずはThere isを使って使い方を覚えましょう。There isのあとに目印を入れて文を作ります。

There is a crosswalk.
ぜアリザ　　　　　　クロースウォーク

横断歩道があります。

There is a library.
ぜアリザ　　　　　　らイブラリ

図書館があります。

　near（〜の近くに）、next to（〜の隣に）など、**場所を表す単語（P83）**もセットで覚えておくとより具体的に説明ができます。

There is a park near the city hall.
ぜアリザ　　　パーク　　ニア　　ざ　スィティ　ホール

市役所の近くに公園があります。

There is a post office next to the book store.
ぜアリザ　　　ポウスト　オーふィス　ネクスト　トゥ　ざ　　ブク
ストー

書店の隣に郵便局があります。

　複数のものがあることを伝えるときはThere areを使います。isをare

にするだけでなく、areのあとの単語を複数形にするのを忘れないように
しましょう。

There is a convenience store near the station.

駅の近くにコンビニが1軒あります。

There are three convenience stores near the station.

駅の近くにコンビニが3軒あります。

なお、There is/areグループのThereは、主語ではありません。文の頭
についているので主語だと思ってしまいがちですが、There is A.というと
きはAが主語でisが動詞です。もともとはA is there.（Aがそこにある）と
いう文だったのが、「倒置」という文法で語順がひっくり返ったため、
There is A.となったのです。

An intersection is there.

交差点がそこにあります。

➡There is an intersection.

交差点があります。

倒置は難しいので、この語順の仕組みは考えなくてOKです。ただ、「There
isのThereは主語ではない」ということは頭の片隅に入れておきましょう。

✎ useful words
目印として使える単語

- 信号機：traffic signal, traffic light　● 歩道橋：footbridge
- ガソリンスタンド：gas station　● 銀行：bank　● 薬局：pharmacy
- 駐車場：parking lot　● 郵便局：post office　● 看板：sign
- バス停：bus stop　● タクシー乗り場：taxi stand

There is no tourist information center.

観光案内所はありません。

「～がある」という意味のThere isとThere areが使えるようになったら、次は **「～がない」** という表現も英語でできるようになりましょう。

There is ～.やThere are ～.の否定文は、There is no ～.またはThere are no ～.になります。**isやareのあとにnoをつけるだけ**なので簡単です！例文で作り方を確認しましょう。

ゼアリザン　エイティーエム イン　ずィス　ホウテる
There is an ATM in this hotel.

このホテルにはATMが1台あります。

ゼアリズ　ノウ エイティーエム イン　ずィス　ホウテる
➡ There is no ATM in this hotel.

このホテルにはATMはありません。

ゼアリザ　デューティ　ふリー　シャプ　ニア　ヒア
There is a duty-free shop near here.

この近くに免税店が1軒あります。

ゼアリズ　ノウ　デューティ　ふリー　シャプ　ニア　ヒア
➡ There is no duty-free shop near here.

この近くには免税店はありません。

否定文では、もとの文中の**aやanがnoに変わります**。**複数形の場合は、some（いくつか）やmany（たくさん）、または数の代わりにnoが入ります**。また、areを使うときは、**noのあとの名詞が複数形**になります。

ゼアラ　サム　インタネット　キャふェイズ　オン　ずィス
There are some Internet cafes on this
ストリート
street.

この通りにはいくつかインターネットカフェがあります。

➡️**There are no Internet cafes on this street.**

この通りにはインターネットカフェがありません。

There are two currency exchange counters in this shopping mall.

このショッピングモールには両替所が2軒あります。

➡️**There are no currency exchange counters in this shopping mall.**

このショッピングモールには両替所がありません。

noのあとの単語を変えれば、街中の道案内だけでなく、レストランやホテルで何かお願いをしたいときにも使えます。

There are no knives at our table.

私たちのテーブルにはナイフがありません。

There is no toilet paper in my room.

私の部屋にはトイレットペーパーがありません。

「〜がありません」と伝えることで「〜をください」とお願いすることができるのです。ぜひ使ってみてくださいね！

🖊️ **useful words**

場所を表す単語

- 〜のそばに：by 〜 　●〜の隣に：next to 〜 　●〜の近くに：near 〜
- AとBの間に：between A and B 　●右（左）に：on the right（left）
- 〜の前に：in front of 〜 　●〜の後ろに：behind 〜
- 〜のあたりに：around 〜 　●〜の終わりに：at the end of 〜

② 電車の乗り換え

駅までの道案内ができたら、次は電車の乗り換え案内にチャレンジ！ 最初は難しく感じるかもしれませんが、単語を並べるだけでもいいので答えてみましょう。

相手 Excuse me.
How can I get to Ryogoku?
I want to go to Kokugikan.

あなた 両国…。電車で行ったほうがいいです。
こちらに行くと、駅に着きます。

相手 What's the name of the station?

あなた　新宿御苑前駅です。
　　　　2番線から丸ノ内線に乗ってください。

相手　I see.
　　　Do I have to change lines?

あなた　はい。四ツ谷で降りて、千葉行きのJR総武線に
　　　　乗り換えてください。

相手　OK. Do all trains stop at Ryogoku?

あなた　いいえ。
　　　　総武線の電車しか両国には停まりません。
　　　　中央線には乗らないでください。
　　　　総武線は黄色で、中央線はオレンジです。

相手　I understand.
　　　How long does it take?

あなた　だいたい40分くらいかかります。

相手　Oh, thank you!

あなた　どういたしまして。
　　　　相撲観戦を楽しんでください!

会話例をチェック! →

乗り換え案内にも決まったフレーズがあります。繰り返し練習して、解説を読んで、定型のフレーズを覚えましょう！

Listen & Talk!

相手 Excuse me. How can I get to Ryogoku? I want to go to Kokugikan.

すみません。両国へはどのように行けばいいですか？
国技館に行きたいのです。

あなた Ryogoku... You should take a train. Go this way, and you will get to a station.

両国…。電車で行ったほうがいいです。こちらに行くと、駅に着きます。

相手 What's the name of the station?

駅の名前は何ですか？

あなた It is Shinjuku-gyoemmae Station. Take the Marunouchi Line from platform 2.

新宿御苑前駅です。2番線から丸ノ内線に乗ってください。

相手 I see. Do I have to change lines?

わかりました。乗り換えないといけませんか？

あなた Yes. Get off at Yotsuya, and change to the JR Sobu Line bound for Chiba.

はい。四ツ谷で降りて、千葉行きのJR総武線に乗り換えてください。

相手 OK. Do all trains stop at Ryogoku?

わかりました。すべての電車が両国で停まりますか?

あなた No. Only the Sobu Line trains stop at Ryogoku.

Please don't take the Chuo Line.

Sobu Line is yellow, and Chuo Line is orange.

いいえ。総武線の電車しか両国には停まりません。中央線には乗らないでください。総武線は黄色で、中央線はオレンジです。

相手 I understand. How long does it take?

わかりました。どのくらいかかりますか?

あなた It takes about 40 minutes.

だいたい40分くらいかかります。

相手 Oh, thank you!

そうですか、ありがとうございます!

あなた You're welcome. Enjoy watching Sumo wrestling!

どういたしまして。相撲観戦を楽しんでください!

📖 **words** ‒ ‒ ‒ ‒ ‒ ‒ ‒ ‒ ‒ ‒ ‒ ‒ ‒ ‒ ‒ ‒ ‒ ‒ ‒

●take a train：電車に乗る ●go this way：こちらに行く

●What's the name of ～?：～の名前は何ですか?

●take ～ Line：～線に乗る ●platform：ホーム、番線 ●get off：降りる

●change to ～ Line：～線に乗り換える ●bound for ～：～行き

●enjoy ～ing：～するのを楽しむ ●Sumo wrestling：相撲

Get off at Yotsuya, and change to the JR Sobu Line bound for Chiba.

四ツ谷で降りて、千葉行きのJR総武線に乗り換えてください。

　道案内をするときにThere is/areグループとセットで使うのが命令形です。そういえば中学校の英語で習ったな、と覚えている人もいそうですね。命令形は、まっすぐ行く（go straight）、右へ曲がる（turn right）、左へ曲がる（turn left）などの指示をするために使います。シーン1にも登場しましたが、ここで命令形の作り方を確認しておきましょう。

　命令形は、もともと主語動詞グループの形をしている文の主語を隠したものです。隠れている主語は常にYouなので、動詞の形も常に「原形」になります。

You go straight.
あなたはまっすぐ行きます。

動詞から始める
だけだから
簡単ですよ!

➡Go straight.
まっすぐ行ってください。

より丁寧にしたいときは、文頭にPleaseをつけます。

Please turn left at the next traffic signal.
次の信号で左に曲がってください。

　実際に道を案内したり乗り換え方法を伝えたりするときは、「〜をすると、〜があります」など、文が少し長くなることがあります。そういうときは、つなぎ役グループ（P112）のandが使えます。

Go this way, and you will get to a station.
こちらの方向に行くと、駅に着きます。

Turn right at the corner, and you will see a big building.

角を右に曲がると、大きな建物が見えます。

電車の乗り継ぎを案内するときは「〜線に乗ってください」という意味のtake 〜 Lineや、「〜線に乗り換えてください」という意味のchange to 〜 Lineがよく使われます。また、乗り換えを案内するときは、路線とともに「〜行き」という意味のbound forが使われます。

Take the Tokyu Toyoko Line from Shibuya.

渋谷から東急東横線に乗ってください。

Get off at Ginza, and change to the Ginza Line bound for Asakusa.

銀座で降りて浅草行きの銀座線に乗り換えてください。

Get off at Kayabacho and change to the Hibiya Line bound for Naka-Meguro.

茅場町で降りて、中目黒行きの日比谷線に乗り換えてください。

道案内や乗り換えのフレーズは定型文が多いので、路線や駅を入れ換えながら繰り返し練習すればスラスラと話せるようになります。どこかへ出かけるときに、行き先までの乗り継ぎを英語で言ってみましょう！

useful words

道案内や乗り換えに使える単語

- 徒歩で：on foot ● 電車で：by train ● バスで：by bus
- タクシーで：by taxi ● 乗る：get on ● 降りる：get off
- 地下鉄：subway ● 改札：ticket gate ● ホーム：platform
- 上り：inbound ● 下り：outbound

Please don't take the Chuo Line.

中央線には乗らないでください。

　命令文の作り方がわかったところで、否定文もセットで覚えてしまいましょう。命令文の文頭に入る動詞はもともと一般動詞（P42）なので、**Don'tを動詞の前に入れて否定文を作ります。**

ハ～リ
Hurry!
急いでください!

ドウント　　　ハ～リ
➡Don't hurry.
急がないでください。

Don'tのあとの動詞を入れ換えれば、いろいろな意味の否定形が作れます。

ドウント　　テイク　　　イクスプレス　　トレインズ
Don't take express trains.
急行列車には乗らないでください。

ドウント　　ラシュ　　アントゥ　　ざ　　トレイン
Don't rush onto the train.
駆け込み乗車はしないでください。

ドウント　　るーズ　　ユア　　アイスィー　カード
Don't lose your IC card.
ICカードをなくさないでください。

　命令形をよりやわらかく伝えたいときは文頭にPleaseをつけますが、否定文もPleaseをつけることで、より丁寧にすることができます。

ブリーズ　　ドウント　　テイク　　ピクチャズ　　ヒア
Please don't take pictures here.
ここでは写真を撮らないでください。

Please don't talk on the phone in the train.
<small>プリーズ　ドゥント　トーコン　ざ　ふォウン　イン　ざ　トゥレイン</small>

電車内では、電話で話さないでください。

　Don'tを使った命令文は簡単に作れますが、禁止を表すため、相手や状況によっては不適切になることも。69ページのように助動詞グループのshouldを使って言い換えができないか考えてみましょう。

Don't use it.
<small>ドゥント　ユーズィト</small>

それを使ってはいけません。

➡You should not use it.
<small>ユー　シュド　ナト　ユーズィト</small>

それを使わないほうがいいです。

Don't touch it.
<small>ドゥント　タチト</small>

それに触ってはいけません。

> 助動詞を使って
> 言い換えが
> できましたね!

➡You should not touch it.
<small>ユー　シュド　ナト　タチト</small>

それに触らないほうがいいです。

　このように、7つのフレーズを1つ身につけるたびに、表現の幅がどんどん広がります。主語動詞グループ、toグループ、助動詞グループ、There is/areグループの4つだけで、もうかなり英語が話せるようになっていますよ。繰り返し練習してもっと話せるようになりましょう!

MEMO

緊急時に使える命令文

命令文は、緊急時に使うこともできます。Help!（助けて！）、Stop it!（やめて！）、Call an ambulance!（救急車を呼んで！）、Call the police!（警察を呼んで！）など、動詞から始まる短い文で、周囲に助けを求めることができます。使う機会がないのが一番ですが、いざというときには命令文が使えることを覚えておきましょう。

③ 交通手段を聞く

シーン3は、海外であなたが道をたずねる場面です。シーン1と
シーン2で使ったフレーズが使えないか、復習しながら考えてみ
ましょう。You can do it!

あなた　すみません。
センチュリー水族館にはどのように行けばいいで
すか?

相手　Oh, the aquarium...

あなた　電車でそこまで行けますか?

相手 You can, but train is not the best way.
I think a bus is better.

あなた このあたりにバス停はありますか？

相手 Oh, it's at the corner right there.

あなた どのくらいかかりますか？

相手 It depends on the traffic.
But usually, it takes about 15 minutes.

あなた どこで降りればいいですか？

相手 Get off at Black Eye Park.

あなた 水族館の周りには何がありますか？

相手 There is a park, Black Eye Park.
And there are some restaurants nearby.

あなた わかりました。
ありがとうございます！

会話例をチェック！ →

いかがでしたか？　道案内の定型フレーズが覚えられたでしょうか。繰り返し話して、脳に定着させましょう！

Listen & Talk!

あなた
イクスキューズ　ミー
Excuse me.
ハウ　　キャナイ　　ゲトゥ　　　　センチュリ　　　　アクウェアリアム
How can I get to Century Aquarium? 🔍

すみません。
センチュリー水族館にはどのように行けばいいですか？

相手
オウ　ずィ　アクウェアリアム
Oh, the aquarium...
ああ、水族館ですね…。

あなた
キャナイ　　ゲ　　ゼア　　バイ　トレイン
Can I get there by train?
電車でそこまで行けますか？

相手
ユー　　キャン　　バト　トレイン　イズ　ナト　ざ　ベスト　ウェイ
You can, but train is not the best way.
アイ　すィンク　ア　バス　イズ　ベタ
I think a bus is better.
行けますが、電車は一番いい方法ではないですね。
バスのほうがいいと思います。

あなた
イゼア　　ア　バス　　スタプ　　アラウンド　　ヒア
Is there a bus stop around here? 🔍
このあたりにバス停はありますか？

相手
オウ　イッ　アト　ざ　　コーナ　　ライト　ゼア
Oh, it's at the corner right there.
ああ、すぐそこの角にありますよ。

あなた
ハウ　ろーンぐ　ダズィト　テイク
How long does it take?
どのくらいかかりますか？

相手 It depends on the traffic.
But usually, it takes about 15 minutes.

交通量によります。
でも、普段はだいたい15分くらいかかります。

あなた Where should I get off?

どこで降りればいいですか?

相手 Get off at Black Eye Park.

ブラック・アイ・パークで降りてください。

あなた What is around the aquarium?

水族館の周りには何がありますか?

相手 There is a park, Black Eye Park.
And there are some restaurants
nearby.

公園があります。 ブラック・アイ・パークです。
それと、すぐ隣にレストランがいくつかあります。

あなた I see. Thanks a lot!

わかりました。 ありがとうございます!

📕 **words** -

- aquarium：水族館 ●the best way：一番よい方法
- better：よりよい ●around here：このあたりに
- corner：角 ●right there：すぐそこに ●It depends on 〜：〜による
- traffic：交通、交通量 ●usually：普段は ●where：どこで
- around 〜：〜の周りに ●nearby：すぐ隣に

How can I get to Century Aquarium?

センチュリー水族館にはどのように行けばいいですか?

　英語で**目的地への行き方をたずねるときに、必ず使うのがHow can I get to 〜?**です。「どのようにして〜に着くことができますか?」という意味で、目的地までの経路を聞くことができます。How can I get to 〜?をまとまったフレーズとして覚えて、toのあとを入れ換えて使いましょう。

How can I get to the nearest station?

一番近い駅にはどのように行けばいいですか?

How can I get to the airport?

空港にはどのように行けばいいですか?

How can I get there?

そこにはどのように行けばいいですか?

　目的地の名前がわからず写真などで伝えるときは、getのあとのtoを取って、How can I get there?とすることもできます。

　様子をたずねるhowは**疑問詞**（P100）の仲間です。他にも、値段や所要時間を聞くときなど、さまざまな場面で使えます。

　値段を聞くときはHow much is 〜?と聞きます。

How much is the fare?

運賃はいくらですか?

How much is the ticket?

切符はいくらですか?

How much is **the detox massage** for one hour?

デトックスマッサージは1時間いくらですか?

目的地までどのくらいの時間がかかるか聞きたいときは、How long does it take to ～?が使えます。takeは「(時間が) かかる」という意味です。また、ここでのitは「それ」という意味ではなく、時間を表しています (P144)。

How long does it take to get to **Central Museum**?

セントラル美術館までどのくらいかかりますか?

How long does it take to get to **the hotel**?

ホテルまでどのくらいかかりますか?

How long does it take to get to **the next station**?

次の駅までどのくらいかかりますか?

経路や所要時間を聞く質問は、日常生活でもよく使うため、AIを使った勉強法 (P104) とも相性がいいです。AIに英語で話しかけながら、ゲーム感覚で楽しみながらやってみましょう!

✏ useful words

時間を表す単語

- 秒：second ● 分：minute ● 時間：hour ● ～時：～ o'clock
- 朝：morning ● 正午：noon ● 午後：afternoon
- 夕方：evening ● 夜：night ● 深夜：midnight
- 日、曜日：day ● 週：week ● 月：month ● 年：year
- 日づけ：date ● 時間通りに：on time ● 時間内に：in time

Is there a bus stop around here?

このあたりにバス停はありますか?

　海外などで道案内をしてもらうときは、バス停や駅などの交通機関や、看板など目印となるものがあるかどうかを聞くことがあります。

「〜がありますか?」と聞くときの疑問文は、There is 〜. はIs there 〜?、There are 〜. はAre there 〜? と、順番を逆にして作ります。

There is a bus stop around here.

このあたりにバス停があります。

➡ Is there a bus stop around here?

このあたりにバス停はありますか?

Is thereのあとに入れる単語を入れ換えて、練習してみましょう。

Is there a sign for the restaurant?

レストランの看板はありますか?

Is there a bank on the way?

道の途中に銀行はありますか?

　複数形で聞くときは、**Are there any 〜?とanyをつけて、さらに名詞を複数形にします。**

Are there any convenience stores around here?

このあたりにコンビニはありますか?

旅行中にどこかに行きたいときや、欲しいものがあるか聞くときにも、There is/areグループの文が使えます。

Are there any French restaurants near the hotel?

アゼア　エニ　フレンチ　レストランツ　ニア　ざ　ホウテる

ホテルの近くにフレンチレストランはありますか?

Is there a hospital open now?

イゼア　ア　ハスピトる　オウプン　ナウ

今開いている病院はありますか?

Are there any books about cooking?

アゼア　エニ　ブクス　アバウト　クキンぐ

料理に関する本はありますか?

Are there any other colors?

アゼア　エニ　アざ　カらズ

何か他の色はありますか?

Is there a vending machine?

イゼア　ア　ヴェンディんぐ　マシーン

自動販売機はありますか?

よく使うフレーズなので、単語を入れ換えながら練習して、スラスラ言えるようになりましょう!

MEMO

文法は覚えてはいけない!?

多くの人は、「文法や単語がわからないから英語が話せない」と言います。これが、これまでに積み重ねてきたはずの英語力が使えない原因のひとつです。文法を理解しよう、覚えようとは思わないでください。まずは、間違っても、意味がわからなくてもいいからネイティブのマネをして話すことです。この本の文法解説もできれば読まずにおいてください。どうしても知りたいと思ったときに、読んでみましょう。「してはいけない」と言われるほど、興味が出て、より理解ができる。これも、脳の仕組みを上手に使った勉強法です。

疑問詞

疑問詞は、「何」「いつ」「どこ」など具体的な答えを導き出すために、疑問文の最初につけて使う言葉です。

疑問詞の種類と意味は次の通りで、wh-で始まるものとhowがあります。海外旅行など基本的な会話で使うことが多いのはwhat、when、where、which、howの5つです。

疑問詞の種類と意味

疑問詞	意味
what	何
when	いつ
where	どこ
which	どちら
who（whose）	誰（誰の）
why	なぜ
how	どのように、どのくらい

疑問詞のついた疑問文と普通の疑問文の違いは、答え方にあります。普通の疑問文は、yesかnoで答えられますが、疑問詞をつけた疑問文は具体的な答えを求められているのでyesかnoでは答えられません。

普通の疑問文 Do you play football?

あなたはサッカーをしますか?

➡Yes, I do. / No, I don't.

はい、します。／いいえ、しません。

疑問詞の疑問文 When do you play football?

いつサッカーをしますか?

➡I play football on Sunday.

日曜日にサッカーをします。

普通の疑問文 Is this a toy?

これはおもちゃですか?

➡Yes, it is. / No, it isn't.

はい、そうです。／いいえ、そうではありません。

疑問詞の疑問文 What is this?

これは何ですか?

➡It is a toy.

それはおもちゃです。

　疑問詞のうちhowは、他の単語とセットにして使うことで、数や金額、年齢や時間などさまざまなことを質問できます。howを使った疑問文は他にもたくさんありますが、基本的なものとして次の5つを使えるといいでしょう。

How many pictures are there?

絵は何枚(いくつ)ありますか?

How much is this picture?

この絵はいくらですか?

How old are you?

あなたは何歳ですか?

How long does it take to get to the hotel?

ホテルまではどのくらいの時間がかかりますか?

How far is it to the hotel?

ホテルまではどのくらい遠いですか。

　疑問詞は質問をするときによく使います。聞きたい内容に合わせてどの疑問詞を使えばよいか、あまり考えなくてもパッと言えるくらい練習しましょう。

英語で「方向音痴」は
なんと言う?

　私は極度の方向音痴です。ロスに行って3ヶ月ほど経った頃、ベニスビーチに自転車で行ってみようと思い、走り始めました。ビーチまでは片道3時間くらいなのですが、1時間半ほどして喉が渇いたのでコンビニに入って飲み物を飲みました。また走り出してしばらくしてから、ふと気づきました。

「あれっ、この景色、少し前に見なかったっけ…?」

　そうです、コンビニから出てさらに先に進むはずが、私は来た道を引き返していたのです。そんな馬鹿なと思うかもしれませんが、本当です。

　ちなみに「方向音痴」は、I have no sense of direction.（直訳：私には方向の感覚がない）と英語で表現します。私は本当にno sense of directionなのです。それから二度と自転車に乗ってベニスビーチを目指すことはなく、後日、バスで行きました。

　英語で道を聞くときは、How can I get to 〜?（〜にはどのように行けばいいですか）と言えれば完璧です。How can I go to 〜? とgo を使いたくなるのですが、道順を知りたいならgo toではなくget toを使います。

　日本の観光地に行くと、海外から来た旅行者がたくさんいます。How can I get to 〜? と聞かれたら、その場所までの行き方を聞かれていますので、ぜひこの章で習ったフレーズを使って教えてあげましょう。

地図を見て道案内をしよう

下の地図を見て、矢印が表す経路の通りに、駅までの行き方を説明しましょう。命令形で直進や右折・左折の指示をし、There is/are グループを使って目印になる建物などを伝えます。

相手　How can I get to the nearest station?
　　　Are there any bookstores near the
　　　station?

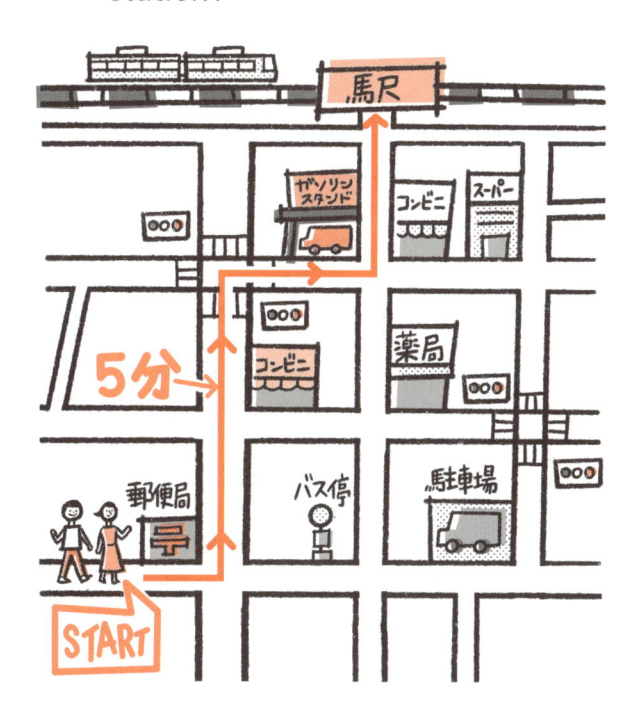

会話例は次のページ！ ➡

地図を見て、下線部を言い換えながら、他の道から駅へ行く場合の道案内にも挑戦してみましょう。

相手　How can I get to the nearest station?
ハウ　キャナイ　ゲトゥ　ざ　ニアレスト　ステイション

一番近い駅にはどのように行けばいいですか？

あなた　Turn left at the post office on the corner.
タ～ン　れふと　アト　ざ　ポウスト　オーふィス　オン　ざ　コーナ
Keep walking for 5 minutes.
キープ　ウォーキンぐ　ふォ　ふァイヴ　ミニッ

郵便局の角を左に曲がってください。5分、歩き続けてください。

There is an intersection with a traffic signal.
ぜアリザン　インタセクション　ウィず　ア　トラふィク　スィグヌる
Turn right, and you'll see a gas station on the left.
タ～ン　ライト　アン　ユーる　スィー　ア　ギャス　ステイション　オン　ざ　れふと

信号のある交差点があります。右に曲がると、左側にガソリンスタンドがあります。

Turn left at the gas station on the corner.
タ～ン　れふと　アト　ざ　ギャス　ステイション　オン　ざ　コーナ
Go straight, and you'll get to the station.
ゴウ　ストレイト　アン　ユーる　ゲトゥ　ざ　ステイション

ガソリンスタンドの角を左に曲がってください。まっすぐ行くと、駅に着きます。

相手　Are there any bookstores near the station?
アぜア　エニ　ブクストーズ　ニア　ざ　ステイション

駅の近くに本屋はありますか？

あなた　No. There are no bookstores near the station.
ノウ　ぜアラ　ノウ　ブクストーズ　ニア　ざ　ステイション

いいえ。駅の近くに本屋はありません。

相手　OK. Thank you so much.
オウケイ　さンキュー　ソウ　マチ

わかりました。本当にありがとうございます。

AIで英会話レッスン　英語で経路検索をしよう

AIを使って経路検索をしましょう。まず、AIの設定言語を英語にします。そして、たとえばHow can I get to Tokyo Station?と英語で話しかけると、AIが経路を提示してくれます。How long does it take to get to Tokyo Station? と聞けばおよその所要時間を教えてくれます。うまくできなかった場合は、上手に発音できなかった単語を確認して、通じるまで話しかけてみましょう。

Chapter 4

ショッピング

❺つなぎ役グループ

① 品物を買う

買い物をするときのような気分で、楽しく答えてみましょう！
「〜を探しています」「〜はありますか？」「いくらですか？」「いくつ買います」といったキーフレーズを意識しましょう。

店員 Hi, how is it going?

あなた 調子はいいですよ。

店員 Are you looking for anything in particular?

あなた クリームを探しています。

店員 What kind of cream are you looking for?

あなた 紫外線予防のクリームです。
ここはとても紫外線が強いです。

店員 I see.
I recommend this cream.
Do you want to try it?

あなた はい。試したいです。

店員 How is it?

あなた 好きですが、香りが強すぎます。
他に何かありますか？

店員 How about this one?

あなた ああ、これはいいですね。いくらですか？

店員 It's 15 dollars and 50 cents.

あなた わかりました。
それを2ついただきます。

会話例をチェック！

Listen & Talk!

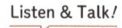

最初はうまく話せなくてもOK！ ネイティブの発音をマネして、決まったフレーズを自然と言えるようになりましょう。

店員
ハイ　ハウ　イズィト　ゴウインぐ
Hi, how is it going?
こんにちは、お元気ですか？

あなた
アイム　ドゥーインぐ　グレイト
I'm doing great.
調子はいいですよ。

店員
アユー　るキンぐ　ふォ　エニすインぐ　イン　パテイキュら
Are you looking for anything in particular?
何か特にお探しのものはございますか？

あなた
アイム　るキンぐ　ふォ　ア　クリーム
I'm looking for a cream.
クリームを探しています。

店員
ワト　カインダブ　クリーム　アユー　るキンぐ　ふォ
What kind of cream are you looking for?
どのような種類のクリームをお探しですか？

あなた
ふォ　ユーヴィー　プロテクション
For UV protection.
ざ　ユーヴィー　レイス　ア　ヴェリ　ストローンぐ　ヒア
The UV rays are very strong here.
紫外線予防のクリームです。 ここはとても紫外線が強いです。

店員
アイ スィー　アイ　レコメンド　ずィス　クリーム
I see. I recommend this cream.
ドゥユー　ウォントゥ　トライト
Do you want to try it?
わかりました。 こちらのクリームをおすすめします。
お試しになりますか？

あなた **Yes. I want to try it.**
<small>イェス アイ ウォントゥ トゥライト</small>

はい。試したいです。

店員 **How is it?**
<small>ハウ イズイト</small>

いかがですか?

あなた **I like it, but the smell is too strong.**
<small>アイ らイキト バト ざ スメる イズ トゥー ストローング</small>

Do you have anything else?
<small>ドゥユー ハヴ エニすィング エるス</small>

好きですが、香りが強すぎます。他に何かありますか?

店員 **How about this one?**
<small>ハウバウト ずィス ワン</small>

こちらはいかがですか?

あなた **Oh, this is good.**
<small>オウ ずィスイズ グド</small>

How much is it?
<small>ハウマチ イズイト</small>

ああ、これはいいですね。いくらですか?

店員 **It's 15 dollars and 50 cents.**
<small>イツ ふィふティーン ダらズ アン ふィふティ センツ</small>

15ドル50セントです。

あなた **OK. I will take two of these.**
<small>オウケイ アイ ウィる テイク トゥー オヴ ずィーズ</small>

わかりました。それを2ついただきます。

📕 **words** -

- looking for 〜：〜を探している　● anything in particular：何か特定のもの
- What kind of 〜：どんな種類の〜　● UV protection：紫外線予防
- UV rays：紫外線　● try：試す　● smell：匂い、香り
- too 〜：〜すぎる　● How about 〜：〜はいかが
- How much is it?：いくらですか?　● dollar：ドル
- cent：セント（ドルの1/100）　● 〜 of these：これらを〜個

I'm looking for a cream.

クリームを探しています。

　I'm looking for a cream.は**「〜をしている」という意味の現在進行形**を使った文です。I'm looking for an umbrella.（傘を探しています）、I'm looking for gloves.（手袋を探しています）など、アイテムを変えるだけで買い物のときに使える便利なフレーズです。

　現在進行形も、学校で習った記憶があるかもしれませんね。現在進行形は、**主語動詞グループ**が変化したもので、**be動詞＋一般動詞のing形で作る**ことができます。I amはI'mと短縮することもできます。

アイ　るク　ふォ　ア　クリーム
I look for a cream.

私はクリームを探します。

アイ　アム　アイム　るキング　ふォ　ア　クリーム
➡I am (I'm) looking for a cream.

私はクリームを探しています。

　現在形は、現在のことだけでなく日々の習慣など比較的長い時間を表します。一方、**現在進行形は、「今まさに〜しているところ」という意味**になるのが現在形との違いです（P130）。

　主語が変わると、現在進行形のbe動詞もisやareに変わります。

ヒー　イズ　プれイイング　ギター
He is playing guitar.

彼はギターを弾いています。

ユアー　ワ〜キング　ヴェリ　ハード
You are working very hard.

あなたはとてもよく働いています。

They are watching a baseball game.

彼らは野球の試合を見ています。

現在進行形の否定文や疑問文は、be動詞の否定文や疑問文（P42）と作り方は同じです。**否定文はbe動詞のあとにnotをつけてbe動詞 + not + ing形にし、疑問文は主語と動詞を逆にしましょう。**

She is waiting for the next train.

彼女は次の電車を待っています。

➡She is not waiting for the next train.

彼女は次の電車を待っていません。

➡Is she waiting for the next train?

彼女は次の電車を待っていますか?

現在形だけでなく、今まさに起こっていることに現在進行形を使うとより上手に英語を話せるようになります。ぜひ会話の中に取り入れて使ってみましょう！

MEMO

店員にあいさつをされたら?

海外で買い物をすると、店員からHi. How are you doing？（こんにちは。お元気ですか？）などと聞かれることがあります。日本にはない習慣なので最初は戸惑ってしまいますが、I'm fine. Thank you.やGood, thanks.（調子いいですよ、ありがとう）などと返事をしましょう。疲れていたとしても、元気ですよと答えるのが一般的です。Can I help you with something？（何かお探しですか？）と聞かれても特になければ No. I'm just looking, thanks.（いえ、見ているだけです。ありがとう）、お店を出るときもHave a nice day！（よい一日を）に対してThank you, you too.（ありがとう、あなたも）などと答えます。欲しいものを買うだけでなく、あいさつもスマートにできればもう上級者です！

I like it, but the smell is too strong.

好きですが、香りが強すぎます。

　この章で新しく注目するのは7つのフレーズの5つ目、**つなぎ役グループ**です。文法的には「接続詞」（P131）と呼ばれるもので、単語と単語や文と文をつなぐ役割があります。

　このつなぎ役グループこそ、**難しそうな英文が簡単に作れる最強のアイテム**です！　よく使うつなぎ役グループとして、andとbut、そしてsoとifがあります。ここではまず、andとbutを使えるようになりましょう。

　例文では、I like it.とThe smell is too strong.という2つの文を**「でも、しかし」という意味のbut**でつないでいます。

I like it.
私はそれが好きです。

+ (but) The smell is too strong.
（でも）　香りが強すぎます。

　シンプルな2つの文をつなぐことで、より複雑な文を作ることができます。たとえば、次の日本語を英語にしてみましょう。

「今週末に彼に会って、映画を見る予定です」

「和食は食べたいけれど、生の魚は食べられません」

　難しそうに感じるかもしれませんが、今までにご説明した4つのフレーズとつなぎ役グループを使えば、意外と簡単に文を作ることができます。

　まず、「（私は）今週末に彼に会います」は**助動詞グループ**を使って、I will see him this weekend.という文が作れます。「（私たちは）映画を見る予定です」も同じwillを使ってWe will watch a movie.とすることができます。この2つを、**「そして」の意味のand**でつないでみましょう。

I will see him this weekend.

私は今週末に彼に会います。

＋(and) We will watch a movie.

（そして） 私たちは映画を見る予定です。

2つの文をきれいにつなげるとこうなります。

I will see him this weekend, and we will watch a movie.

今週末に彼に会って、映画を見る予定です。

「和食は食べたいけれど、生の魚は食べられません」も、「（私は）和食を食べたいです」はtoグループを使ってI want to eat Japanese food.となり、「生の魚は食べられません」は助動詞グループを使ってI can't eat raw fish.となります。この2つをbutでつなぎましょう。

I want to eat Japanese food, but I can't eat raw fish.

和食は食べたいけれど、生の魚は食べられません。

こうやって短い文をつなぎ役グループでつなぐだけで、表現の幅が広がります。どんどん使っていきましょう！

MEMO

知っておきたいtooのもう一つの意味

tooという単語は、Me too.（私も）や、I like it too.（それも好きです）など、「〜も」という意味があります。もう一つぜひ覚えてほしいtooの意味が「〜すぎる」という意味です。日本語でも「多すぎ」という意味で「トゥーマッチ（too much）」と言うことがありますね。「〜すぎる」のtooは、買い物をするときにtoo small（小さすぎる）やtoo expensive（高すぎる）と言いたいときに使えます。ぜひ覚えておきましょう！

② 試着をする

洋服を試着するときも、定番フレーズがあります。大きさや色など希望を伝えて、納得のいく買い物ができるようにチャレンジしてみましょう！　Please enjoy shopping!

あなた　すみません。試着室はどこですか？
　　　　このTシャツを試着したいです。

店員　**It's over there.**

店員　**How is it?**

あなた 好きですが、小さすぎます。
より大きいものはありますか?

店員 Yes, there are some.
One moment please.
How about this?

あなた これは私にぴったり合います。
何か他の色はありますか?

店員 Yes, we have black and brown.
Which one do you prefer?

あなた うーん、黒いTシャツはたくさん持っているので、
茶色のほうにします。

店員 Thank you.
It looks nice on you!

会話例をチェック！ ➡

too ～（～すぎる）や比較級の～er one（より～なもの）などを、何度も繰り返し練習してマスターしましょう。

Listen & Talk!

あなた Excuse me. Where is the fitting room?
I want to try this T-shirt.

すみません。試着室はどこですか？
このTシャツを試着したいです。

店員 It's over there.

あちらにございます。

～～～～～

店員 How is it?

いかがですか？

あなた I like it, but it's too small.
Is there a bigger one? 🔍

好きですが、小さすぎます。
より大きいものはありますか？

> 後ろに-erをつけると「より～な」という意味になります！

店員 Yes, there are some.
One moment please.
How about this?

はい、いくつかございます。少々お待ちください。
こちらはいかがですか？

あなた **This one fits me perfectly.**
_{ずィス ワン ふィッ ミー パ〜フェクトリ}

Do you have any other colors?
_{ドゥユー ハヴ エニ アざ カらズ}

これは私にぴったり合います。
何か他の色はありますか?

店員 **Yes, we have black and brown.**
_{イェス ウィ ハヴ ブらク アン ブラウン}

Which one do you prefer?
_{ウィチ ワン ドゥユー プリふァ〜}

はい、黒と茶色がございます。
どちらがよろしいですか?

あなた **Hmm... I have many black T-shirts,**
_{フンン アイ ハヴ メニ ブらク ティーシャ〜ッ}

so I'll buy a brown one. 🔍
_{ソウ アイる バイ ア ブラウン ワン}

うーん、黒いTシャツはたくさん持っているので、
茶色のほうにします。

店員 **Thank you.**
_{さンキュー}

It looks nice on you!
_{イト るクス ナイス オンニュ}

ありがとうございます。
お客様にとてもお似合いですよ!

📕**words** — — — — — — — — — — — — — — — —

- fitting room：試着室 ● over there：あちら
- bigger one：より大きなもの
- One moment please.：少々お待ちください
- fits 〜：〜に合う ● any other：何か他の
- Which one：どちらのもの ● looks nice on 〜：〜に似合う

Is there a bigger one?

より大きいものはありますか?

　洋服を買うときは必ず試着をしますね。試着をしてみてサイズが合わず、「より〜なものはありますか?」と聞きたいときに使えるのが**There is/ are グループ**を使った Is there a 〜er one? というフレーズです。
「より〜な」と表現したいときに使うのが比較級です。**比較級は、形容詞に-erをつけて作ります**（例外もありますが、くわしくは132ページでご説明します）。
　例文の「より〜な」の部分を入れ換えて、いくつか文を作ってみましょう。

Is there a **bigger** one?
より大きいものはありますか?

Is there a **smaller** one?
より小さいものはありますか?

Is there a **cheaper** one?
より安いものはありますか?

　サイズだけでなく「より安いもの」と言いたいときにも比較級が使えます。比較級を上手に使えると便利ですが、買い物で使うなら、上の3つの例文をそのまま覚えてしまってもいいですね。
　例文を作るときに、最後のoneが何なのか気になった方もいるのではないでしょうか?　oneは「1、1つの」という意味がありますが、ここでのoneは数を表すわけではなく、「もの」という意味で使われています。
「より〜なもの」と言うとき以外にも、たとえば色や形について言いたいときにもoneが使えます。

Is there **a white one**?

<small>イゼア　ア　ワイト　ワン</small>

白いものはありますか？

Is there **a long one**?

<small>イゼア　ア　ローング　ワン</small>

長いものはありますか？

Is there **a short one**?

<small>イゼア　ア　ショート　ワン</small>

短いものはありますか？

入れ換えるだけで
いろいろと使えます！

「もの」という意味のoneは、**不特定のものを言い換える**ときに使います。たとえば、例文ではoneはT-shirtを表していますが、「（具体的にこれと指定しているわけではなく）より大きいもの（＝Tシャツ）はありますか？」という聞き方をしています。

　具体的に特定しているものを言い換えるときはoneではなくitを使います。「より大きいそれはありますか？」という聞き方は日本語でも英語でもしないので、この例文ではitは使えません。

　「もの」という意味のoneと「それ」という意味のitの違いを、次の例文で見てみましょう。

I want to buy **a bigger one**.

<small>アイ　ウォントゥ　バイ　ア　ビガ　ワン</small>

より大きいものを買いたいです。

I want to buy **it**.

<small>アイ　ウォントゥ　バイ　イト</small>

それを買いたいです。

bigger oneは具体的な商品を特定しているわけではなく「（どれとは指定せず）より大きいTシャツ」という意味になります。一方、itは具体的に1つの商品を特定しており、「（他のものではなく）そのTシャツ」という意味になります。

　oneとitの使い分けは少し難しいので、上手に使い分けができなくてもかまいません。oneには「もの」という意味があり、itとは違うということだけなんとなく覚えておけばOKです。

Do you have any other colors?

何か他の色はありますか?

買い物中に、「形は気に入ったけれど、他の色も見てみたい」「使い心地はいいけれど、香りが好みではない」と思ったときには、**主語動詞グループ**を使ってDo you have any other 〜？と聞くことができます。

any otherのあとを入れ換えるだけで、いろいろなことを聞くことができるので、例文を作ってみましょう。

ドゥユー　　ハヴ　　エニ　　アざ　　カらズ
Do you have any other colors?
何か他の色はありますか?

ドゥユー　　ハヴ　　エニ　　アざ　　パタンズ
Do you have any other patterns?
何か他の柄はありますか?

ドゥユー　　ハヴ　　エニ　　アざ　　センツ
Do you have any other scents?
何か他の香りはありますか?

ドゥユー　　ハヴ　　エニ　　アざ　　ふれイヴァズ
Do you have any other flavors?
何か他の味はありますか?

このように単語を入れ換えるだけですが、注意点があります。それは、**any otherのあとの名詞は「s」をつけて複数形にする**ということです。

「他の」という意味の言葉には、anotherもあります。**anotherは、otherにanがついた単語**で**「他の1つのもの」**という意味です。いくつかある「他のもの」の中で、**どれとは決めていないけれど、他の1つのものを指す**ときに使います。一方で**any otherは、どれとは決めていないけれど、他のいくつかのもの**という意味があります。

買い物の場面を想定した例文で違いを見てみましょう。

Can you show me **another** color?
他の色を1つ見せていただけますか?

Can you show me **any other** colors?
何か他の色を見せていただけますか?

日本語にするとほとんど同じ訳になりますが、1つ目の例文は「他の色の商品を1つ見たい」という意味で、2つ目の例文は「他の色の商品をいくつか見たい」という意味になり、見たいと思っている数が異なります。

Is there **another** design?
他のデザインはありますか?

Are there **any other** designs?
他のデザインはありますか?

これらの例文も、日本語の訳は同じですが、話し手が想定している「他のデザイン」の数が**1つか複数かの違い**があります。anotherは1つなので、動詞もareではなくisを使います。

anotherとotherの違いは、難しく感じるかもしれませんが、上手に使い分けられれば、英語の上級者になれます。普段の生活の中で目の前のものをどちらを使って言うことができるか、意識してみるとよいでしょう。

MEMO

「他の言い方ができないか」を意識しよう

ショッピングで「〜はありますか？」と聞くときは、Do you have 〜？の他にも118ページのようにIs there 〜？という聞き方ができます。また、110ページのI'm looking for 〜.（〜を探しています）も、何が欲しいかを伝えることはできます。7つのフレーズを1つ覚えるごとに、どんどん英語が話せるようになります。英語で何かを言うときは、他の言い方もできないか考えてみてください。それが上達の近道です！

I have many black T-shirts, so I'll buy a brown one.

黒いTシャツはたくさん持っているので、茶色のほうにします。

つなぎ役グループでandとbutの他によく使われるのが、「だから、なので」という意味のあるsoです。まずは例文を見てみましょう。

I have many black T-shirts.
アイ　ハヴ　メニ　ブらク　ティーシャ〜ト

黒いTシャツをたくさん持っています。

＋(so) I'll buy a brown one.
ソウ　アイる　バイ　ア　ブラウン　ワン

（だから、なので）　茶色のほうを買います。

1文目が理由を表し、soの後ろに来る2文目が「だからこうする」という結論になっています。では、次の文はどのように言えばいいでしょうか。
「公園にたくさんの人がいるので、私は彼を見つけられません」

2つの文に分けて考えて、soでつなぎましょう。「たくさんの人がいる」はThere is/areグループ、「見つけられない」は助動詞グループです。

There are many people in the park.
ぜアラ　メニ　ピープる　イン　ざ　パーク

公園にたくさんの人がいます。

＋(so) I can't find him.
ソウ　アイ　キャント　ふァインド　ヒム

（だから、なので）　私は彼を見つけられません。

これをきれいにつなげるとこうなります。

There are many people in the park, so I can't find him.
ぜアラ　メニ　ピープる　イン　ざ　パーク　ソウ アイ
キャント　ふァインド　ヒム

公園にたくさんの人がいるので、私は彼を見つけられません。

では、次の文は英語でどのように言えばよいか、考えてみましょう。

「明日はいつもより早く会社に行かなくてはいけないので、今晩は9時に寝ます」

「会社に行かなくてはいけない」はtoグループ、「今晩は9時に寝ます」は助動詞グループが使えます。また、「より早く」は比較級（P132）が使えます。

I have to go to work earlier tomorrow, so I will go to bed at 9 tonight.

明日はいつもより早く会社に行かなくてはいけないので、今晩は9時に寝ます。

うまく作れましたか？　**長い文も「短く作って、つなぐ」という方法で作ることができます。** 長くて難しそうな文章も、実はこの方法で作られているのです。

ここで、soの入った文の構造にも注目しましょう。「〜なので、〜である」という意味になり、**soの前と後ろには、それぞれ主語と動詞が1セットずつ入ります。** シンプルな文で見てみましょう。

He is a good man, so I like him.

彼はいい人なので、私は彼が好きです。

主語と動詞のセットが2つ ありますね。これが、つなぎ役を使った文を作るときの基本構造です。それを頭の片隅に置きながら、128ページのifを使った文にチャレンジしましょう！

soとbecauseは前後の文が逆になる

so（だから、なので）の反対の意味で対になるのがbecause（なぜなら）です。soとbecauseは、前後にある主語と動詞が入れ換わります。たとえば、I like French movies, so I study French.という文は、I study French, because I like French movies.と言い換えることもできます。becauseはsoよりは実際に使われる場面が少ないですが、覚えておくと便利です。

③ 値引きしてもらう

思った通りのものが買えるようになったら、次は値引きに挑戦です。2つ以上買うと割引になることもあるので、どんどん質問してお得な買い物をしましょう！

あなた　このネクタイはいくらですか？

店員　It's 40 dollars.
The design is very good, isn't it?

あなた　はい、でも、こちらもいいですね…。
決められません。

店員 Both of them look nice on you.

あなた 2本買ったら割引ができますか?

店員 Yes. You get a 20% discount for the second one.

あなた ああ、それはいいですね。
3本目も割引になりますか?

店員 Absolutely. You can get it with a 20% discount.

あなた 税込ですか?

店員 Tax is not included.

あなた ネクタイ3本は税込でいくらですか?

店員 It's 110 dollars.

あなた わかりました、では3本買います。

会話例をチェック!➡

Listen & Talk!

ポイントはdiscount（割引）とtax（税）、割引率や値段を表す数字です。数字を置き換えて練習しましょう。

あなた　How much is this tie?

このネクタイはいくらですか？

店員　It's 40 dollars.
The design is very good, isn't it?

40ドルです。
デザインがとてもいいですよね？

あなた　Yes, but this one is also good...
I can't decide.

はい、でも、こちらもいいですね…。
決められません。

店員　Both of them look nice on you.

両方ともお客様にお似合いですよ。

あなた　Is there a discount if I buy two?

2本買ったら割引ができますか？

店員　Yes. You get a 20% discount for the second one.

はい。2本目は20％割引になります。

あなた Oh, that sounds good.
Can I get a discount for the third one?

ああ、それはいいですね。3本目も割引になりますか?

店員 Absolutely.
You can get it with a 20% discount.

もちろんです。20%割引でご購入いただけます。

あなた Is tax included?

税込ですか?

店員 Tax is not included.

税込ではありません。

あなた How much are three ties including tax?

ネクタイ3本は税込でいくらですか?

店員 It's 110 dollars.

110ドルです。

あなた OK, I will buy three, then.

わかりました、では3本買います。

📖 words

- design：デザイン ・A is B, isn't it?：AはBですよね?
- also：〜も ・decide：決める ・Both of them：両方とも
- if：もし ・〜% discount：〜%割引 ・second one：2つ目
- That sounds good.：いいですね ・third one：3つ目
- Absolutely：もちろん ・tax included, including tax：税込

Is there a discount if I buy two?

2本買ったら割引ができますか?

本当に使える最強アイテムである**つなぎ役グループ**の4つ目は、「**もし ～なら**」という**意味のif**です。仮定を表す文を作ることができるので、これまでよりさらに英語で表現できることが増えていきますよ!

例文を分解してみましょう。

Is there a discount?
割引ができますか?

+ (if) I buy two.
（もし）　私は（ネクタイを）2本買います（2本買ったら）。

ifの後ろに入る文が「もし～なら」という仮定で、「その仮定通りになったら、こうなる」という前提で前の文の内容があります。他にも例文を作ってみましょう。

「体重を減らしたいなら、運動をしたほうがいいです」

「体重を減らす」はlose weightと言います。「減らしたい」は**toグループ**のwant toが使えますね。「したほうがいい」は**助動詞グループ**のshouldを使いましょう。

You should exercise.
あなたは運動をしたほうがいいです。

+ (if) You want to lose weight.
（もし）　あなたは体重を減らしたいです（体重を減らしたいなら）。

1文にまとめるとこうなります。

You should exercise if you want to lose weight.

<ruby>ユー<rt>ユー</rt></ruby> <ruby>シュド<rt>シュド</rt></ruby> <ruby>エクササイズ<rt>エクササイズ</rt></ruby> <ruby>イ<rt>イ</rt></ruby><ruby>ユー<rt>ユー</rt></ruby> <ruby>ウォントゥ<rt>ウォントゥ</rt></ruby> <ruby>るーズ<rt>るーズ</rt></ruby>

ウェイト

体重を減らしたいなら、運動をしたほうがいいです。

ifを使った文の作り方がわかったでしょうか？ **「もしAならB」という日本語に対して、英語は「B if A」という順番**になります。

ここでもう一つ、例文の言い換えにチャレンジ！ **There is/areグループ**を使ったIs there a discount if I buy two？という例文ですが、**助動詞グループ**を使って言い換えることができます。2つの文を並べて見てみましょう。

Is there a discount if I buy two?

2つ買ったら割引ができますか？（割引がありますか？）

Can you give me a discount if I buy two?

2つ買ったら割引ができますか？

1つの文を他のフレーズで言い換えるクセをつければ、**7つのフレーズだけで英語をペラペラ話せる**ようになります。他の言い方はないかな？と楽しみながら探してみましょう！

> **MEMO**
>
> ### 「わかっていること」を反復すると本物のスキルになる
>
> 本書では同じフレーズが何度か登場するため、「もうわかったから、他のフレーズをたくさん教えてほしい」と思う方もいるかもしれません。けれど、理解しただけで英語を話せるようになっていたら、あなたがこの本に出会うことはなかったはずです。重要なのは、反復を繰り返してthresholdを超えること。threshold（スレッショルド）は「そこを超えると変化が起きる点」のことで、閾値（いきち、しきいち）と訳されます。この閾値を超えるか否かが「習ったはずなのに使えない英語」と「本当に使える英語力」の違いです。そしてこれこそが7つのパターンに絞って反復して英語を身につける、このメソッドの最大のポイントです。

現在進行形

現在進行形は「be動詞＋一般動詞のing形」で作られ、今まさに「〜をしている」という意味があります。現在形は習慣的な行動を表しますが、現在進行形は「今」という短い時間の行動を表します。

現在形 I eat breakfast every day.
私は毎日、朝食を食べます。

現在進行形 I am eating breakfast now.
私は今、朝食を食べています。

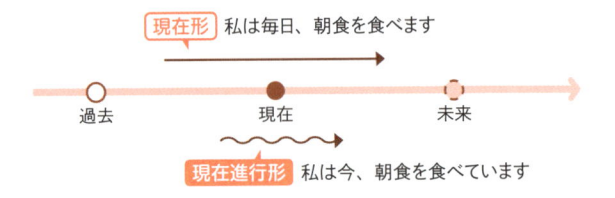

現在形 私は毎日、朝食を食べます

過去　　　　現在　　　　未来

現在進行形 私は今、朝食を食べています

現在進行形の否定文は「be動詞＋not＋ing形」、疑問文は「be動詞＋主語＋ing形」で作ります。

be動詞と一般動詞をそのまま並べてI am play piano.などとはせず、I am playing piano.と必ずingにしましょう。ing形のつけ方には例外もあります。

不規則な形になるing形

● **動詞の最後に発音しないeがあるとき**
➡eを取ってingをつける

例 driving, having, making, practicing, using, writing

● **動詞が短い母音＋子音で終わるとき**
➡子音を2つ重ねてingをつける

例 beginning, cutting, running, sitting, stopping, swimming

接続詞

接続詞は、複数の文や節、語をつなぐ「つなぎ役」となるものです。接続詞はたくさんありますが、よく使われるのはandとbutとso、そしてifとwhenの5つです。

主な接続詞の種類

● **and(そして)**
A and B.という形で「AそしてB」という意味になる。

例 We play basketball, and they play volleyball.

● **but(しかし)**
A but B.という形で「AしかしB」という意味になる。

例 We play basketball, but they don't play basketball.

● **so(だから)**
A so B.という形で「AだからB」という意味になる。

例 I'm not busy today, so I will watch a movie.

● **if(もし～なら)**
B if A.またはIf A, B.という形で「もしAならBだ」という意味になる。

例 I will watch a movie if I'm not busy today.

● **when(～するとき)**
B when A.またはWhen A, B.という形で「AのときはBだ」という意味になる。

例 I watch movies when I'm not busy.

英語は、どんなに難しい文章でも主語と動詞が基本となって成り立っています。そして、主語と動詞で作った短い文を接続詞でつなぐことで長い文を作ることができます。

短い文を作って意味に合った接続詞でつなげば、難しい構文を知らなくても、より複雑な内容の文を作ることができるのです。ぜひ接続詞を使いこなせるようになりましょう。

比較級

「より〜な」「もっと〜に」と言いたいときは、形容詞や副詞の比較級を使います。形容詞は「大きい、小さい」「長い、短い」など、ものの性質や状態を表します。副詞は動詞を修飾したり、形容詞を修飾したりします。比較級は元の形（原級）が変化したもので、「より大きい、より小さい」「より速く、よりゆっくり」など、あるものと別のものを比較するときに使います。

　主な原級と比較級は表の通りです。betterやworseなど特別な形になるものもあります。

主な比較級の形

原級	比較級
small	smaller （-erをつける基本形）
good	better
well	
bad	worse
many	more
much	
little	less

　形容詞の原級（元の形）と比較級の意味の違いを、例文で確認してみましょう。比較級で何かと比べて「Aよりも〜だ」と言うときは、thanを使います。

原級　**He is tall.**

彼は背が高い。

比較級　**He is taller than I am.**

彼は私より背が高い。

| 原級 | **This orange is <u>small</u>.**

このオレンジは小さいです。

| 比較級 | **This orange is <u>smaller</u> than that one.**

このオレンジはあれ（あちらのオレンジ）よりも小さいです。

比較級が特別な形になるもの（better, worse, more, less）以外の形容詞は基本的に最後に-erをつけて比較級にします。ただし、例外がいくつかあります。

不規則な形になる主な比較級

● **単語の最後にeがあるとき**
➡ eのあとに-rをつける
例 large/larger, late/later, nice/nicer

● **単語が短い母音＋子音で終わるとき**
➡ 子音を2つ重ねて-erをつける
例 big/bigger, fat/fatter, hot/hotter

● **単語が短い子音＋yで終わるとき**
➡ yをiに変えて-erをつける
例 busy/busier, easy/easier, early/earlier, heavy/heavier

● **形容詞が長いときや副詞が続くとき**（※例外あり）
➡ 形容詞や副詞にmoreをつける
例 more expensive, more important, more quickly, more slowly

比較級は、買い物のときに Is there a bigger one?（より大きいものはありますか？）などと聞くとき以外にも、さまざまな場面で使うことができます。

たとえば、相手が話すスピードが速くて聞き取れないときは、Can you speak more slowly?（もっとゆっくりと話してもらえますか？）、チェックインの時間を早めたいときは、Can I check in earlier?（より早い時間にチェックインすることはできますか？）と言うことができます。ぜひ使ってみましょう。

海外のお店で見られる大胆なセール

　海外でショッピングをするとき、日本では考えられないようなセールを目にすることがあります。そのひとつが Buy 1 Get 1 Free！（1つ買えばもう1つ無料でついてくる！）です。にわかには信じがたいのですが、本当にあります。たとえば、パーカーを1着購入すると、もう1着パーカーがタダでもらえるというものです。

　2枚いらないので、1枚目を半額にして欲しいと言ってもそれは拒否されます。あくまで2枚目が無料になるだけで、1枚目は割り引いてもらえないのです。大量の在庫を売り切る目的だったり、注目を集めるためだったり、あるいは法律で割引率の上限が定められている場合に使われる手法のようです。

　他にも、Buy 1 Get 1 50% OFF！（1つ買えば2つ目は半額！）という割引もよく目にします。さらに、まれではありますが、Buy 1 Get 2 Free！（1つ買えば2つ無料でついてくる！）という、市場原理を無視したかのようなオファーが見られることもあります。

「割引してもらえませんか？」と言いたい場合には、Can you give me a discount？ や Is there a discount？ と言えばばっちりです（ただし、英語がばっちりという意味で、交渉が成功するかどうかはあなた次第です！）。定番フレーズを練習して、海外でも緊張することなく、楽しみながらショッピングをしましょう！

◀ Let's Talk! ▶
値引きの交渉をしてみよう

お店でお土産用のペンを買います。値段を確認して、値引きの交渉
をしましょう。決まったフレーズばかりなので、一部の単語を入れ
換えるだけで、実際の買い物でもそのまま使えます。

あなた　こんにちは。このペンはいくらですか?

店員　It's 10 dollars.

あなた　10ドル…。より安いものはありますか?

店員　How about this one?
　　　It's 7 dollars.

あなた　2本買ったら割引ができますか?

店員　Yes. You get a 10% discount for the
　　　second one.

あなた　いいですね。これを2本買います。

店員　Thank you!

会話例は次のページ！➡

あなた　**Hello, how much is this pen?**
へろウ　　ハウマチ　　イズ　ディス　ペン

こんにちは。このペンはいくらですか？

店員　**It's 10 dollars.**
イッ　テン　ダらズ

10ドルです。

あなた　**10 dollars... Is there a cheaper one?**
テン　　ダらズ　　イゼア　ア　チーパ　ワン

10ドル…。より安いものはありますか？

店員　**How about this one?**
ハウバウト　ディス　ワン
It's 7 dollars.
イッ セヴン　ダらズ

こちらはいかがですか？　7ドルです。

あなた　**Is there a discount if I buy two?**
イゼア　ア　ディスカウント　イふアイ バイ　トゥー

2本買ったら割引ができますか？

店員　**Yes. You get a 10% discount for the second one.**
イェス　ユー　ゲタ　テンパセント ディスカウント　ふぉ　ざ　セカンド　ワン

はい。2本目は10%割引になります。

あなた　**Good. I will buy two of these.**
グド　アイ ウィる　バイ　トゥー　オヴ　ずィーズ

いいですね。これを2本買います。

店員　**Thank you!**
サンキュー

ありがとうございます！

AIで英会話レッスン　**買いたい物の英訳をチェック！**

「ワイシャツ」「フライドポテト」「マフラー」など、英語では通じない日本語のカタカナ言葉があります。そういうときは翻訳アプリに話しかけてみましょう。「ワイシャツ」はshirt、「フライドポテト」はFrench fries、「マフラー」はscarfなど、アプリに話しかけるだけで正しい英訳がすぐにわかります。

Chapter 5

ホテル

7つのフレーズ

❻It's グループ

① 予約をする

ホテルの予約をしましょう。2章でレストランの予約をしたとき
に使ったフレーズをそのまま使えばOK！　あとは、人数と日に
ち、時間を伝えられれば予約はできます。Let's try！

フロント　This is Pacific Hotel.
How may I help you?

あなた　2名で予約をしたいです。

フロント　From what day to what day?

あなた　2月1日から4日です。

フロント **Can I have your name please?**

あなた 井上直樹です。

フロント **Could you spell your name please?**

あなた エヌ・エイ・オウ・ケイ・アイ、アイ・エヌ・オウ・ユー・イーです。

フロント **Do you have any photo ID?**

あなた はい。パスポートを持っています。

フロント **Good.
What time will you check in?**

あなた 午後6時頃にチェックインします。
そちらでは雪は降りますか?

フロント **Yes, we have a lot of snow in winter.**

あなた もし雪が降ったら、午後6時までにそちらに到着できないかもしれません。

フロント **That's OK. Just call us.**

Listen & Talk!

it'sを使った使えるフレーズが登場するので、ぜひマスターしましょう。名前やつづりの聞き方も定番フレーズです。

フロント　This is Pacific Hotel. How may I help you?

こちらはパシフィック・ホテルです。ご用件は何でしょうか？

あなた　I want to make a reservation for two people.

2名で予約をしたいです。

フロント　From what day to what day?

何日から何日までですか？

あなた　It's from February 1st to 4th.

2月1日から4日です。

フロント　Can I have your name please?

お名前をいただけますか？

あなた　I'm Naoki Inoue.

井上直樹です。

フロント　Could you spell your name please?

つづりを教えていただけますか？

あなた　It's N A O K I I N O U E.

エヌ・エイ・オウ・ケイ・アイ、アイ・エヌ・オウ・ユー・イーです。

フロント Do you have any photo ID?

写真つきの身分証明書をお持ちですか?

あなた Yes. I have my passport.

はい。パスポートを持っています。

フロント Good. What time will you check in?

よかったです。何時にチェックインされますか?

あなた We will check in around 6 PM.
Does it snow there? 🔍

午後6時頃にチェックインします。そちらでは雪は降りますか?

フロント Yes, we have a lot of snow in winter.

はい、こちらでは冬にたくさん雪が降ります。

あなた If it snows, maybe we can't get there
by 6 PM.

もし雪が降ったら、午後6時までにそちらに到着できないかもしれません。

フロント That's OK. Just call us.

かまいません。お電話ください。

words –

- Can I have your name?：お名前をいただけますか?
- Could you spell your name?：(名前の)つづりを教えていただけますか?
- photo ID：写真つきの身分証明書 ● check in：チェックインする
- around 〜：〜頃 ● snow：雪、雪が降る ● a lot of：たくさんの
- maybe：たぶん、〜かもしれない ● call：電話をかける

It's from February 1st to 4th.

2月1日から4日です。

　7つのフレーズの6つ目は**It'sグループ**です。7つのフレーズの中で、**最も簡単で最も使える、とっておきのフレーズ**です。長い文をわざわざ作らなくても、**It'sでたいていのことが言えてしまう**ので、**私はIt'sを「魔法の言葉」と呼んでいます**。中学1年生のときに習う基本的な表現なのに、どんな場面でも使えるのです。

　たとえば、ホテルの予約のシーンで「何日から何日までですか？」と聞かれて答える場合は、いろいろな言い方ができます。

ふロム　　　　　　ふェブルエリ　　　　　　ふァ〜スト　トゥ　ふォーす
From February 1st to 4th.

2月1日から4日。

　このようにIt'sをつけずに、日にちだけで答えることもできます。ただ、ぶっきらぼうで失礼、かつ幼稚な印象になってしまいます。

　または、次のように長い文で答えることもできます。

ウィア　　　　　　ゴウインぐ　　トゥ　ステイ　アト　　ユア　　　ホウテる　　ふロム
We are going to stay at your hotel from
ふェブルエリ　　　ふァ〜スト　トゥ　ふォーす
February 1st to 4th.

そちらのホテルに2月1日から4日まで泊まるつもりです。

　こう言えば、ぶっきらぼうな印象にはならず、きちんと伝わります。ただ、ここまで長い文を話そうとすると、どこかで文法を間違える可能性もあります。きちんとした文にしようとするあまり、間違えないか心配で、スラスラと話せないのなら本末転倒です。

　それならば、短すぎず長すぎず、とても簡単なIt'sを使って答えましょう！

It's from February 1st to 4th.

_{イッ キロム ふェブルエリ ふァ〜スト トゥ ふォーす}

2月1日から4日です。

実は、ネイティブスピーカーもこのIt'sをよく使っています。たとえば、It'sだけを使ってこんなふうに答えることもできます。

What are you drinking?

_{ワト アユー ドリンキング}

何を飲んでいますか?

It's coffee.

_{イッ コーふィ}

コーヒーです。

Is it cold or hot?

_{イズィト コウるド オ ハト}

冷たいですか、温かいですか?

It's cold.

_{イッ コウるド}

冷たいです。

What size is it, small, medium or large?

_{ワト サイズ イズィト スモーる ミーディアム オ らーチ}

サイズは、スモール、ミディアム、ラージのうちどれですか?

It's medium.

_{イッ ミーディアム}

ミディアムです。

What are you eating?

_{ワト アユー イーティング}

何を食べていますか?

It's pizza.

_{イッ ピーツァ}

ピザです。

今まで学んできた5つのフレーズももちろん大事ですし、使えるフレーズばかりです。ただ、言いたいことがパッと出てこないときはIt'sを使いましょう。それだけで会話のハードルがグッと下がります！

Does it snow there?

そちらでは雪は降りますか?

　Does it snow there?（そちらでは雪は降りますか?）という例文を見て、何か気になることはないでしょうか?　よく見ると、日本語の訳には、主語のitに当てはまるものがないのです。

　どうやら、itは日本語にしたときにはどこかに消えてしまっているようです。とはいえ、このitがなくてもいいかというと、そうではありません。この文でのitは「雪が降る」という天気や気候を表すための主語になっています。

　このように訳には表れないけれど主語の役割をし、特別な意味を持つitを私は「神様のit」と呼んでいます。

「神様のit」は文法的には「形式主語」と呼ばれるもので、実際に動作を行う主語（人や物）がない場合に、形の上だけ主語になるものです。天気や気温、時間、季節、距離などを表していて万能に使えるので、「神様のit」と呼んでいるわけです。

　神様のitを使った例文の疑問文の作り方を見てみましょう。

It snows there.
イト　スノウズ　ゼア

そこでは雪が降ります。

➡**Does it snow** there?
ダズイト　スノウ　ゼア

　そこでは雪が降りますか?

　この文のsnowは「雪」という名詞ではなく、「雪が降る」という一般動詞です。一般動詞を疑問文にするときは頭にDoがつきますが、itが「三人称単数」なので、現在形ではDoがDoesになります（P156）。否定文の場合も、同様にdoesにnotがつきます。

It does not snow there.
_{イト ダズ ナト スノウ ゼア}

そこでは雪は降りません。

さらに、似た例文を作って確認してみましょう。

Does it rain a lot in Tokyo?
_{ダズイト レイン アらト イン トウキョウ}

東京では雨がたくさん降りますか?

It does not rain a lot in Tokyo.
_{イト ダズ ナト レイン アらト イン トウキョウ}

東京では雨はたくさん降りません。

神様のitを使うと、天気の他にも次のような文が作れます。どれも、主語のitは訳されません。

It's 3 PM on August 10th.
_{イッ すリー ピーエム オン オーガスト テンす}

8月10日の午後3時です。

Is it winter in Australia now?
_{イズイト ウィンタ イン オーストレイリャ ナウ}

オーストラリアは今、冬ですか?

It takes about 2 hours to get there.
_{イト テイクス アバウト トゥー アウアズ トゥ ゲ ゼア}

そこに行くのに約2時間かかります。

「神様のit」は日常会話のさまざまな場面で使うので、ぜひ使い方をマスターしましょう!

useful words

天気や気温を表す単語

- 晴れ：fine　● くもり：cloudy　● 雨：rain　● 雪：snow　● 霧：fog
- 風が強い：windy　● 嵐：storm　● 暑い：hot　● 寒い：cold
- 降水確率：chance of rain　● 気温：temperature　● 度：degree
- 最低気温：lowest temperature　● 最高気温：highest temperature

② チェックイン

to グループや助動詞グループを使いましょう。長めの文はうまく答えられなくてもOK！ すぐにスラスラ言えるようになるので、まずは知っている単語でトライしてください。

あなた　こんにちは。井上直樹と申します。
チェックインをしたいのですが。

フロント　Hello sir.
Can I see your ID?
And could you fill out this sheet?

あなた　もちろんです。はい、こちらです。

フロント Would you like to have breakfast?

あなた いいえ。私たちは朝食はいりません。

フロント Do you want to use a parking space?

あなた いいえ、車は使いません。

フロント All right. Here is your key.
It's room 2107.
You can enjoy the great view.

あなた そんなにすばらしい部屋に泊まれるなんてワクワクします。

フロント You will surely like it.
Do you have any questions?

あなた リバティ湖に行きたいです。
そこにバスで行くことはできますか?

フロント Yes. You can take Route 15.

あなた それはよかったです。

会話例をチェック！

Is it possible to get there by bus? は、Can we get there by bus? でもOK。いろいろな言い方をマスターしましょう。

Listen & Talk!

あなた Hello. My name is Naoki Inoue.
I would like to check in.

こんにちは。 井上直樹と申します。
チェックインをしたいのですが。

フロント Hello sir. Can I see your ID?
And could you fill out this sheet?

こんにちは。 身分証明書を拝見できますか?
そして、こちらの用紙にご記入いただけますか?

あなた Of course. Here you are.

もちろんです。 はい、こちらです。

フロント Would you like to have breakfast?

朝食は召し上がりますか?

あなた No. We don't need breakfast.

いいえ。 私たちは朝食はいりません。

フロント Do you want to use a parking space?

駐車場のご利用をご希望されますか?

あなた No, we will not use a car.

いいえ、車は使いません。

フロント All right. Here is your key.
It's room 2107.
You can enjoy the great view.

かしこまりました。こちらがキーです。2107号室です。
すばらしい景色をご堪能いただけます。

あなた It's exciting to stay in such a
wonderful room. 🔍

そんなにすばらしい部屋に泊まれるなんてワクワクします。

フロント You will surely like it.
Do you have any questions?

きっとお気に召します。何かご質問はございますか?

あなた I want to go to Lake Liberty.
Is it possible to get there by bus? 🔍

リバティ湖に行きたいです。そこにバスで行くことはできますか?

フロント Yes. You can take Route 15.

はい。15系統をご利用いただけます。

あなた Sounds good.

それはよかったです。

📖 **words** —————————————————————————

- sir：男性に対する敬称 ●fill out：記入する ●sheet：紙
- of course：もちろん ●Would you like to have 〜?：〜を希望しますか?
- parking space：駐車場 ●such：それほどの、そのような
- surely：きっと ●route：ルート、(バスなどの)系統

It's exciting to stay in such a wonderful room.

そんなにすばらしい部屋に泊まれるなんてワクワクします。

　ここでは、It'sグループを使って長めの文を作る方法をご紹介します。今までより少し難しく感じるかもしれませんが、大丈夫！　ここまでの積み重ねがあるから、少しくらい複雑なフレーズでも理解できるようになっています。Let's try！

　まず、例文のIt's exciting to stay in such a wonderful room.を分解してみましょう。

It's exciting
ワクワクします

＋to stay in such a wonderful room.
そんなにすばらしい部屋に泊まれることは

　この文の主語は形の上ではItですが、実は、意味の上での主語はto stay in such a wonderful roomなのです。そのため、英語の語順を入れ換えることも可能です。

To stay in such a wonderful room
そんなにすばらしい部屋に泊まれることは

＋is exciting.
ワクワクします

　ただ、こうすると頭でっかちな文になってしまいます。そのため、**Itを仮の主語として置き、to以下を後ろに持っていってスッキリさせているの**

です。つまり、このフレーズは、**It's A to B.という語順で「Bすることは Aだ」という訳になる**ということです。

　作り方がわかったところで、他の例文と日本語の訳を見ながら確認してみましょう。It's A to B.のフレーズは、決まった単語とセットにして使うことが多いので、いくつかのパターンをそのまま覚えてしまうのがおすすめです。

It's necessary to speak in English.
英語で話すことが必要です。

It's wonderful to see beautiful scenery.
美しい景色が見られるなんてすばらしいです。

It's nice to have a good friend like you.
あなたのようないい友だちがいてよかったです。

It's hard to get up early in the morning.
朝早く起きることは難しいです。

It's important to check your email every day.
毎日メールをチェックすることが重要です。

It's interesting to read books about history.
歴史に関する本を読むのはおもしろいです。

　いかがですか？　今までのフレーズよりも、より複雑なことが英語で言えそうですね。例文を何度も繰り返し練習して、スラスラ言えるようになりましょう！

Is it possible to get there by bus?

そこにバスで行くことはできますか?

少し複雑なことを言いたいときに便利なIt's A to B.の文は、疑問文や否定文にすると、さらに表現の幅が広がります。

主語と動詞はIt's（It is）なので、**疑問文はIs it A to B ？で、否定文はIt's not A to B.（またはIt isn't A to B.）**になります。

例文で確認してみましょう。

It's possible to get there by bus.

そこにバスで行くことは可能です。

➡Is it possible to get there by bus?

そこにバスで行くことはできますか？（可能ですか?）

➡It's not possible to get there by bus.

そこにバスで行くことはできません（可能ではありません）。

たとえば、次の日本語を英語にするとどうなるでしょうか？　例文を参考にして、考えてみましょう。

「その山に登るのは難しいですか？」

「難しいですか？」はIs it difficult 〜？です。「山に登る」はclimb the mountainと言います。toでつなげるとこうなります。

Is it difficult to climb the mountain?

その山に登るのは難しいですか?

次にこの例文はどうでしょうか。

「甘いものを食べるのをやめるのは簡単ではありません」
「簡単ではありません」はIt's not easyです。「甘いものを食べるのをやめる」はstop eating sweetsと言うことができます。

It's not easy to stop eating sweets.

甘いものを食べるのをやめるのは簡単ではありません。

　他にも例文を見ながら口に出して反復練習をして、使い方を覚えていきましょう！

Is it dangerous to go there alone?

そこに一人で行くのは危険ですか?

Is it important to do it now?

それを今行うのは重要ですか?

Is it necessary to tell him the truth?

彼に真実を伝える必要がありますか?

It's not difficult to understand it.

それを理解するのは難しくありません。

It's not easy to finish it by the due date.

期限内にそれを終えるのは簡単ではありません。

It's not fun to hear the same story over and over.

同じ話を何回も聞くのは楽しくありません。

　このIt's A to B.のフレーズを上手に使うことができれば、もう英語の上級者です。単語を入れ換えて、あなた自身が言いたいことを英語で言ってみましょう。It's important to practice!

前置詞

前置詞は、名詞の前に置いて意味を補足するための言葉です。種類がたくさんありますが、ここでは主な時間と場所を表す前置詞をご紹介します。

時間を表す前置詞

前置詞	意味
at	時刻 (at 7 AM) 時間帯 (at night)
on	曜日 (on Sunday) 日付 (on July 10th) 平日・週末 (on weekdays, on weekends)
in	月 (in May) 年 (in 2020) 時間帯 (in the morning)
by	〜までに (by 9 AM)
before	〜より前に (before 9 AM)
after	〜よりあとに (after 9 AM)

場所を表す前置詞

前置詞	意味
at	〜に (at home) ＊狭い場所を表す
on	〜の上に (on the table) 〜に接して (on the wall) 〜階に (on the second floor)
in	〜の中に (in Tokyo, in Japan) ＊広い場所を表す
by	〜のそばに (by the window)
near	〜の近くに (near the station)
around	〜のあたりに (around here)
between	AとBの間に (between Tokyo and Osaka)

I have a meeting <u>at</u> 10 AM every Monday.

毎週月曜日の午前10時に会議があります。

I will visit him <u>on</u> October 2nd.

10月2日に彼を訪ねるつもりです。

We have a long vacation in May.

5月には長い休暇があります。

Please come back here by 10:30.

10時半までにここに戻ってきてください。

Can you finish it before 3 PM?

午後3時までにそれを終えられますか?

I want to have some dessert after dinner.

夕飯のあとに何かデザートを食べたいです。

I will stay at home tomorrow.

明日は家にいるでしょう。

There is a beautiful picture on the wall.

壁に美しい絵があります。

The restaurant is very popular in Tokyo.

そのレストランは東京ではとても人気です。

He is standing by a tree.

彼は木のそばに立っています。

Are there any parking lots near the office?

会社の近くに駐車場はありますか?

I know a good Chinese restaurant around here.

このあたりのいい中華料理屋を知っています。

There is a bookstore between the post office and the pharmacy.

郵便局と薬局の間に、本屋があります。

　どういうときにどの前置詞を使うかは、暗記だけでは覚えきれないので、前置詞を使った文をたくさん読んだり話したりして使い方に慣れていくのがおすすめです。

三単現のS

「三単現」という言葉を中学校の英語の授業で聞いた覚えがあるなという人もいるかもしれませんね。「三単現」とは「三人称単数現在形」を略したもので、三人称単数の主語に続く現在形の一般動詞（P42）のことを指します。

では、三人称単数の主語とは具体的にどのような主語を指すのでしょうか。まず、人称について確認しておきましょう。一人称は話し手である自分、二人称は話しかけている相手、三人称はそれ以外の人や物について話すときに使います。

人称には、単数と複数があります。主語が1人（1つ）なら単数、2人（2つ）以上なら複数です。三人称のうち、単数の主語を「三人称単数」といいます。以下の表の「he, she, it」の部分が該当します。この3つ以外にも、Johnなどの名前やa girlやa bookなどの名詞も三人称単数です。

人称と単数・複数

人称	単数	複数
一人称	I	we
二人称	you	you
三人称	he, she, it (John, a girl, a bookなど)	they (girls, booksなど)

　三人称単数の主語につく現在形の一般動詞は、-sまたは-esをつけるというルールがあります。

`一人称単数` I like chocolate.

`二人称` You like chocolate.

`三人称単数` She likes chocolate.

三単現を否定文や疑問文にするときもdoではなくdoesを使います。

`二人称` You don't like chocolate.
Do you like chocolate?

`三人称単数` She doesn't like chocolate.
Does she like chocolate?

-sのつけ方が不規則な形になる動詞もあります。単語の後ろの形によって変わるので確認しましょう。

三単現のsの不規則な形

● 動詞の最後が決まった形（s, ss, sh, ch, o, x）のとき
➡動詞に-esをつける
例 passes, washes, teaches, does, fixes

● 動詞が子音＋yで終わるとき
➡yをiに変えて-esをつける
例 cries, dries, fries, studies, tries

● 動詞がhaveの場合
➡hasになる

　使っていくなかで覚えられるので最初からすべて暗記する必要はありませんが、基本的なルールは覚えておきましょう。

ホテルでよく使う英会話フレーズは?

　旅行するときにどんなホテルに泊まるか、こだわりは人それぞれですよね。私は、あまりホテルにはお金を使いません。食べ物や飲み物、目的地でかかる費用（入場料など）にはより優先的にお金を使いますが、ホテルや飛行機は優先順位が低いのです。ホテルには疲れて帰って寝るだけのことが多く、あまり豪華なホテルにしても満喫できないので、必然的にそうなるわけです。

　実際に、私がホテルで使う英語と言えば、I would like to check in.（チェックインしたいです）で始まって、聞かれた質問や要求に、Here is my passport.（はい、パスポートです）と対応し、Where is the vending machine？（自動販売機はどこですか？）やWhat time is the checkout？（チェックアウトの時間は？）という決まった質問をするだけです。あまり複雑な会話はしません。寝るだけですから、極めてシンプルな英会話になります。

　ただ、実際には、苦情を言ったり質問をしたりできるように、準備をしておいたほうがいいでしょう。The next room is very noisy.（隣の部屋がとてもうるさいです）、The toilet doesn't flush.（トイレが流れません）、Can you bring some toilet rolls？（トイレットペーパーを持ってきてくれませんか？）など、聞くことになるかもしれない質問、要望は英語で言えるように準備していきましょう。

◀ Let's Talk! ▶
ホテルの予約をしてみよう

いつ誰とどこに旅行に行くか、理想のプランを立てて、ホテルの予約をしてみます。まずは例文の日本語を英語にして練習をし、人数や日付、時間を間違えずに言えるようにしましょう。

フロント　Hello. This is Grand Sea Hotel.
　　　　　May I help you?

あなた　4名で予約をしたいです。

フロント　From what day to what day?

あなた　11月30日から12月3日です。

フロント　Can I have your name please?

あなた　上田加奈です。

フロント　What time will you check in?

あなた　午後3時頃にチェックインします。

フロント　All right. Thank you so much for your
　　　　　reservation.

会話例は次のページ！➡

人数や滞在する日にち、名前やチェックインする時間を
あなたなりにアレンジして反復練習しましょう。

フロント　Hello. This is Grand Sea Hotel. May I help you?

こんにちは。グランド・シー・ホテルです。ご用件は何でしょうか?

あなた　I want to make a reservation for four people.

4名で予約をしたいです。

フロント　From what day to what day?

何日から何日までですか?

あなた　It's from November 30th to December 3rd.

11月30日から12月3日です。

フロント　Can I have your name please?

お名前をいただけますか?

あなた　I'm Kana Ueda.

上田加奈です。

フロント　What time will you check in?

何時にチェックインされますか?

あなた　We will check in around 3 PM.

午後3時頃にチェックインします。

フロント　All right. Thank you so much for your reservation.

承知しました。ご予約ありがとうございます。

AIで英会話レッスン　旅行先の写真や地図も検索できる

AIで旅先に関する情報もチェックできます。たとえば、Can I see some pictures
of London?と話しかけるとロンドンの写真を、Can I see a map of New York?と話
しかけるとニューヨークの地図をAIが出してくれます。現地の時間や天気も確認
できるので、英語でなんと言うか考えてトライしてみましょう。

Chapter 6

日常会話

7つのフレーズ

❼ what グループ

① 毎日の習慣

朝起きてから寝るまでの行動や、平日や週末の過ごし方について英語で話してみましょう。日々の習慣を表すためには、頻度や時間の表現を適切に使うことがポイントです。

わたしは午前6時に起きます。

歯を磨いて、メイクをします。

普段は朝ご飯を食べます。

平日はいつも8時半前には仕事に行きます。

家に帰ったあとは、よく夕飯を作ります。

いつも夕飯のあとにシャワーを浴びます。

疲れたときには、ときどきお風呂に入ります。

週に3回ジムに行きます。

ときどき同僚と飲みに行きますが、タバコはまったく吸いません。

時間があったら、夜に洗濯をします。

いつも寝る前にSNSを見ます。

午後11時には寝ます。

週末には、たびたび友人と夕飯を食べます。

毎週土曜日には、海外ドラマを見ます。

会話例をチェック！ ➡

alwaysやoften、sometimesなどの頻度、時間を表す言葉がスラスラ出てくるように練習しましょう。

Listen & Talk!

^{アイ} ^{ウェイカプ} ^{アト スィクス エイエム}
I wake up at 6 AM.

^{アイ} ^{ブラシュ} ^{マイ} ^{ティーす} ^{アン} ^{プトン} ^{メイカプ}
I brush my teeth and put on make-up.

^{アイ} ^{ユージュアリ} ^{イート} ^{ブレクふァスト}
I usually eat breakfast.

^{アイ} ^{オーゥウェイス} ^{ゴウ} ^{トゥ} ^{ワ〜ク} ^{ビふォー} ^{エイトさ〜ティ}
I always go to work before 8:30

^{オン} ^{ウィークデイス}
on weekdays.

わたしは午前6時に起きます。
歯を磨いて、メイクをします。
普段は朝ご飯を食べます。
平日はいつも8時半前には仕事に行きます。

^{あふタ} ^{アイ} ^{カム} ^{バク} ^{ホウム} ^{アイ} ^{オーふン} ^{クク} ^{ディナ}
After I come back home, I often cook dinner.

^{アイ} ^{オーゥウェイス} ^{テイカ} ^{シャワ} ^{あふタ} ^{ディナ}
I always take a shower after dinner.

^{ウェン} ^{アイム} ^{タイアド} ^{アイ} ^{サムタイムス} ^{テイカ} ^{バす}
When I'm tired, I sometimes take a bath.

家に帰ったあとは、よく夕飯を作ります。
いつも夕飯のあとにシャワーを浴びます。
疲れたときには、ときどきお風呂に入ります。

頻度や時間の表現は使えると便利です！

アイ ゴウ トゥ ア ヂム スリー タイムズ ア ウィーク
I go to a gym three times a week.

アイ サムタイムズ ドリンク ウィず マイ コウワ～カズ バト アイ
I sometimes drink with my coworkers, but I

ネヴァ スモウク
never smoke.

イふアイ ハヴ タイム アイ ドゥ ざ ろーンドリ アト ナイト
If I have time, I do the laundry at night.

アイ オーるウェイズ るク アト ソウシャる ミーディア サイツ ビふォー
I always look at social media sites before

アイ ゴウ トゥ ベド
I go to bed.

アイ ゴウ トゥ ベド アト イレヴン ピーエム
I go to bed at 11 PM.

週に3回ジムに行きます。
ときどき同僚と飲みに行きますが、タバコはまったく吸いません。
時間があったら、夜に洗濯をします。
いつも寝る前にSNSを見ます。
午後11時には寝ます。

オン ウィークエンズ アイ オーふン ハヴ ディナ ウィず マイ ふレンズ
On weekends, I often have dinner with my friends.

アイ ワチ ふォーリン ティーヴィー ドラーマズ エヴリ サタデイ
I watch foreign TV dramas every Saturday.

週末には、たびたび友人と夕飯を食べます。
毎週土曜日には、海外ドラマを見ます。

words –

- brush ～'s teeth：～の歯を磨く ● put on make-up：メイクをする
- go to work：仕事に行く ● take a shower：シャワーを浴びる
- tired：疲れた ● take a bath：風呂に入る ● gym：ジム
- coworkers：同僚 ● smoke：タバコを吸う
- do the laundry：洗濯をする ● social media sites：SNS
- foreign TV drama：海外ドラマ

I always go to work before 8:30 on weekdays.

平日はいつも8時半前には仕事に行きます。

日常会話でよく使われる**頻度を表す言葉**（P169、P178）や**時間を表す前置詞**（P154）、**時間を表す言葉**（P169）を確認しておきましょう。

I always go to work before 8:30 on weekdays.

平日はいつも8時半前には会社に行きます。

主な頻度を表す言葉として、always（いつも）、often（よく、たびたび）、sometimes（ときどき）、rarely（めったに～ない）、never（決して、一度も～ない）があります。伝えたい内容によって使い分けましょう。

I often watch movies on my smartphone.

私はよくスマートフォンで映画を見ます。

I sometimes call my mother.

私はときどき母に電話をします。

I rarely drink sake.

私はめったに日本酒は飲みません。

I never tell a lie.

私は決して嘘はつきません。

頻度を表す言葉の他に時間を表す言葉も使うと、普段のあなたの生活についてさまざまなことが英語で言えます。

I always take a walk with my dog at 6 AM.

いつも午前6時に犬と散歩をします。

I sometimes wake up after 10 AM on weekends.

週末はときどき午前10時過ぎに起きます。

I often use sheet masks on my face at night.

夜にはたびたび顔にパックをします。

I have to go to work before 8 AM every Monday.

毎週月曜日は、午前8時前に会社に行かなくてはなりません。

さらに、**つなぎ役グループ**（接続詞）のifやwhen（P131）を使うと、「もし〜ならこうする」「〜なときはこうする」という言い方もできます。例文で意味を確認しましょう。

If I'm not tired, I go jogging before dinner.

疲れていなければ、夕飯の前にジョギングに行きます。

When I am home, I watch a TV drama at 9 PM every Saturday.

毎週土曜日、家にいるときは、午後9時からドラマを見ます。

あなたの朝から晩までの行動や、いつもの習慣について英語で言ってみましょう。自分のことや身近なことを英語で言ってみるのが、語彙力を高める近道です！

日常会話 ---- 毎日の習慣

167

I go to a gym three times a week.

週に3回ジムに行きます。

　毎日の行動や時間、頻度を英語で説明できるようになったら、さらに日々の行動の頻度を具体的に回数で表せるようになりましょう。

　回数は、once（1回）、twice（2回）、3回以上は〜 times（〜回）、several times（数回）です。さらに、「1日に何回」などと言うときは、once a day（1日に1回）、twice a week（週に2回）、three times a month（月に3回）、four times a year（年に4回）と「回数 a 期間」にします。

アイ　ポウスト　ふォウトウズ　オン　ソウシャる　ミーディア　サイツ　トワイス　ア　デイ
I post photos on social media sites twice a day.

1日に2回、SNSに写真を投稿します。

アイ　ゴウ　トゥ　ア　ヂム　すリー　タイムズ　ア　ウィーク
I go to a gym three times a week.

週に3回ジムに行きます。

アイ　ゴウ　トゥ　ア　ヘア　サロン　ワンス　ア　マンす
I go to a hair salon once a month.

月に1回、美容院に行きます。

アイ　スィー　マイ　カれヂ　ふレンズ　セヴラる　タイムズ　ア　イア
I see my college friends several times a year.

年に数回、学生時代の友人に会います。

　では、次の文はどのように作ればいいでしょうか。主語が私（I）以外の文を考えてみましょう。

「あなたは年に一度は歯医者に行くべきです」

「彼は月に数回、ライブを見に行きます」

「歯医者に行くべき」はsee a dentistと助動詞グループのshouldを使います。「年に一度」はonce a yearですね。

ユー シュド スィー ア デンティスト ワンス ア イア
You should see a dentist once a year.

あなたは年に一度は歯医者に行くべきです。

2つ目の文の「ライブを見に行く」はgo to live showsです。また、この文の主語は彼（He）なので動詞を三単現のs（P156）にします。さらに、「月に数回」ですから、several timesとmonthを使います。

ヒー ゴウズ トゥ らイヴ ショウズ セヴラる タイムズ ア マンス
He goes to live shows several times a month.

彼は月に数回、ライブを見に行きます。

なお、「何回〜しますか？」と聞きたいときは、疑問詞（P100）を使ってHow many times 〜?と言います。

ハウ メニ タイムズ ア イア ドゥユー ゴウ バク トゥ
ユア ホウム タウン
How many times a year do you go back to your home town?

年に何回、地元に帰りますか?

アイ ゴウ バク トゥ マイ ホウム タウン ふォー タイムズ ア イア
I go back to my home town four times a year.

年に4回、地元に帰ります。

回数と期間の両方を考えて組み合わせるので、最初はパッと出てこないかもしれませんが、大丈夫です。繰り返すうちに、考えなくてもスラスラと言えるようになりますよ！

useful words
時間や頻度を表す単語

- 午前：AM ●午後：PM ●平日：weekday ●週末：weekend
- 毎日：every day ●毎週：every week ●毎月：every month
- 毎年：every year ●毎週〜曜日：every 〜day
- 一日（週、月、年）に1回：once a day (week, month, year)
- 一日（週、月、年）に2回：twice a day (week, month, year)
- 一日（週、月、年）に〜回：〜 times a day (week, month, year)

2 友人との会話

ついに、7つ目のとっておきフレーズが登場します！ 難しいかもしれませんが、うまく言えなくても大丈夫。大切なのは例文の通り「間違いを恐れず話す」ことです！

友人 How can I improve my English skills?

あなた 毎日英語で話すことが必要よ。

友人 Well...I don't know many words and grammar rules, so it's difficult for me to keep speaking.

あなた　あなたが言いたいことはわかるわ。
　　　　間違えるのが怖いんでしょう?

友人　**Exactly.**

あなた　あなたがする必要があるのは、
　　　　とても簡単なことよ。
　　　　もっとたくさん話して、
　　　　でも間違いを恐れないで。
　　　　とにかく、ネイティブスピーカーの
　　　　話すことを聞いて。
　　　　そして、彼らが話すように話そうとしてみて。

友人　**You mean I should copy them.**

あなた　その通り。

友人　**Oh, I see.
I will try it.**

会話例をチェック! ➡

7つのフレーズのラストは、「こと、もの」を表すwhatです。また、right? などの口語表現もチェックしましょう。

Listen & Talk!

友人 ハウ キャナイ インプルーヴ マイ イングリッシュ スキるズ
How can I improve my English skills?

どうやったら英語のスキルが上達するの?

あなた イッ ネセセリ トゥ トーク イン イングリッシュ エブリ
It's necessary to talk in English every
デイ
day.

毎日英語で話すことが必要よ。

友人 ウェる アイ ドウント ノウ メニ ワーズ アン
Well...I don't know many words and
グラマ るーるズ ソウ イッ ディふィカるト ふォ ミー
grammar rules, so it's difficult for me
トゥ キープ スピーキンぐ
to keep speaking.

うーん、単語や文法をたくさん知らないから、話し続けるのが難しいんだよ。

あなた アイ ノウ ワト ユー ミーン
I know what you mean.
ユアー アふレイド オヴ ミステイクス ライト
You're afraid of mistakes, right?

あなたが言いたいことはわかるわ。
間違えるのが怖いんでしょう?

友人 イグザクトリ
Exactly.

まさしく。

It'sグループの
It's A to B.も
使っていますね!

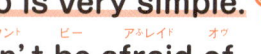

あなた **What you need to do is very simple.**
ワト ユー ニートゥ ドゥ イズ ヴェリ スインプる

Speak more, but don't be afraid of
スピーク モア バト ドゥント ビー アふレイド オヴ

mistakes.
ミステイクス

Just listen to what native speakers
ヂャスト リスン トゥ ワト ネイティヴ スピーカズ

say.
セイ

And try to speak as they do.
アン トライ トゥ スピーク アズ ゼイ ドゥ

あなたがする必要があるのは、とても簡単なことよ。
もっとたくさん話して、でも間違いを恐れないで。
とにかく、ネイティブスピーカーの話すことを聞いて。
そして、彼らが話すように話そうとしてみて。

友人 **You mean I should copy them.**
ユー ミーン アイ シュド カピ ぜム

彼らのマネをすべきってことだね。

あなた **That's right.**
ざッ ライト

その通り。

友人 **Oh, I see. I will try it.**
オウ アイ スィー アイ ウィる トライト

うん、わかった。そうしてみるよ。

**words** –

- improve：上達する　●skill：スキル、技術　●necessary：必要
- word：単語　●grammar rules：文法　●difficult：難しい
- mean：意味する　●be afraid of 〜：〜を恐れる　●mistake：間違い
- exactly：まさしく　●simple：簡単、単純　●more：もっと
- listen to 〜：〜を聞く　●try to 〜：〜しようとする
- as they do：彼らがするように　●copy：マネする

I know what you mean.

あなたが言いたいことはわかるわ。

　例文のI know what you mean.のwhatはどのような意味があるのでしょうか。たとえば、whenは「いつ」という意味だけでなく、「とき」という意味もありますね（P131）。実は、それと同じように**whatにも「何」という意味だけでなく「もの、こと」という意味がある**のです。これが、7つのフレーズのとっておきで、かなり使える**whatグループ**です。
「もの、こと」のwhatは、例文のwhat you meanのように「what＋主語＋動詞」という形で使います。そして、この**「what＋主語＋動詞」のかたまりが名詞のように使える**のが特徴です（P180）。
　例文でくわしく見てみましょう。

I know **it**.
アイ　ノウ　イト

私はそれがわかります。

このitの部分が「what＋主語＋動詞」に置き換えられます。

I know **what you mean**.
アイ　ノウ　ワト　ユー　ミーン

あなたの言いたいこと（意味すること）はわかります。

「what＋主語＋動詞」を使っただけで、だいぶ複雑なことが言えるように変わったのがわかるでしょうか？
　whatグループは決まったフレーズで使うことが多いので、例文を繰り返し声に出して覚えてしまいましょう。

You see **what I mean**.
ユー　スィー　ワト　アイ　ミーン

あなたは私の言いたいこと（意味すること）がわかっています。

I know **what you want to say**.

あなたが言いたいことはわかります。

That's **what I want**.

それこそが私が欲しいものです。

whatの前に来るものは自由ですし、whatのあとの主語と動詞も何を入れてもOKです。助動詞グループや三単現の一般動詞（P156）や現在進行形（P130）を入れるとこうなります。

This is **what I can do for you now**.

これが、今、私があなたにしてあげられることです。

I must do **what my boss says**.

私は上司が言う通りのことをしなくてはなりません。

That's **what I'm trying to say**.

それこそが私が言おうとしていることです。

否定文や疑問文で使うときは、whatの外にある動詞を否定文や疑問文にしましょう。

That's not what I have to do.

それは私がしなければいけないことではありません。

Is this what you are looking for?

これはあなたが探しているものですか？

いかがですか？　今まで言えなかったような少し複雑な内容が、一気に話せるようになったと感じませんか？　これが7つのフレーズの最後を飾るwhatグループなのです。使える例文がたくさんあるので、どんどん覚えていきましょう！

What you need to do is very simple.

あなたがする必要があるのは、とても簡単なことよ。

さらに、whatグループの使えるフレーズをご紹介していきましょう。ここでは、「what＋主語＋動詞」のかたまりが主語になる、whatから始まる文の作り方を見ていきます。

例文で確認してみましょう。

It is very simple.
イト イズ ヴェリ スインプも

それはとても簡単（単純）です。

Itを「what＋主語＋動詞」に置き換えるとこうなります。

What you need to do is very simple.
ワト ユー ニートゥ ドゥ イズ ヴェリ スインプも

あなたがする必要があるのは、とても簡単なことです。

whatグループが主語になるときも、「what＋主語＋動詞」の動詞部分には、一般動詞のほかtoグループや助動詞グループ、現在進行形など、いろいろなものを入れることができます。決まったフレーズが使われることが多いので、セットで覚えてしまうのがおすすめです。

What I want is this.
ワト アイ ウォント イズ ずィス

私が欲しいのはこれです。

What I want to say is this.
ワト アイ ウォントゥ セイ イズ ずィス

私が言いたいのはこれです。

What I need is time.
ワト アイ ニード イズ タイム

私に必要なのは時間です。

What I'm trying to do is to eat less.

ワット　アイム　トライインｸ　トゥ　ドゥ　イズ　トゥ　イート　レス

私がしようとしているのは、食事を減らすことです。

What she is going to buy is very expensive.

ワット　シー　イズ　ゴウインｸ　トゥ　バイ　イズ　ヴェリ　イクスペンスィヴ

彼女が買おうとしているものはとても高いです。

whatグループが主語になった文は、notをつけて否定文にすることもできます。なお、主語が長いので、このまま疑問文にすることはあまりありません。

What he says is not true.

ワット　ヒー　セズ　イズ　ナット　トルー

彼が言うことは本当ではありません。

What she wants to do is not clear.

ワット　シー　ウォンツ　トゥ　ドゥ　イズ　ナット　クリア

彼女がしたいことははっきりしていない。

whatグループを使うと複雑なこともコンパクトに言うことができます。また、回りくどくならずシンプルに伝わるので、ビジネスの場面でもよく使われます。ぜひ使ってみてください。

MEMO

日常会話で使えるおまけの表現

文末にright？（〜でしょう？）、you know？（〜じゃん？）などをつけるとよりフランクになります。ビジネスの場や目上の人に使うのはNGですが、親しい人との会話にはぜひ使ってみてください。他にも、just（いいから、本当に、単に、〜だけ）は文中のいろいろなところに入れられる便利な単語ですし、文の頭に、Actually（実は）、Honestly（正直に言うと）、Personally（個人的には）、Basically（基本的には）などをつけると、自分の考えが相手に伝わりやすくなります。どれも、なくても言いたいことは伝わりますが、使えるとネイティブっぽい印象になる言葉です。余裕があったら、会話にちょっと足してみましょう！

頻度

　頻度を表す単語はいろいろありますが、主なものとして、always（いつも）、often（よく、たびたび）、sometimes（ときどき）、rarely（めったに〜ない）、never（決して、一度も〜ない）の5つを覚えておきましょう。

　どのくらいの頻度を表すかによって、neverからalwaysまで並べてみると、次のようになります。

never	rarely	sometimes	often	always
決して、一度も〜ない	めったに〜ない	ときどき	よく、たびたび	いつも

　実際に文中に当てはめて、およその頻度で並べてみるとこのようになります。

I never drink alcohol.

私はまったくお酒を飲みません。

（飲む機会はゼロ）

I rarely drink alcohol.

私はめったにお酒を飲みません。

（年に数回程度）

I sometimes drink alcohol.

私はときどきお酒を飲みます。

（月に数回程度）

I often drink alcohol.

私はよくお酒を飲みます。

（週に数回程度）

I <u>always</u> drink alcohol.

私はいつもお酒を飲みます。

（ほぼ毎日）

頻度を表す言葉はどこにでも入れられるわけではありません。主語に続くのが一般動詞、be動詞、助動詞のいずれかにより入る位置が変わります。

頻度を表す単語の位置

● **一般動詞の前に入る**
I <u>always</u> help you.
私はいつもあなたを助けます。

● **be動詞の後ろに入る**
I <u>am</u> always with you.
私はいつもあなたと一緒にいます。

● **助動詞と一般動詞の間に入る**
I <u>will</u> always <u>help</u> you.
私はいつもあなたを助けるでしょう。

入れる位置は、最初は間違えてしまってもかまいません。どういうときにどの頻度の言葉を使うかを正しく選べるようにしましょう。頻度を回数で表すときはtimesを使い、「回数 a 期間」で一定期間の頻度を表します。

I drink with my friends <u>once a month</u>.

月に一度、友人と飲みに行きます。

I take medicine <u>twice a day</u>.

1日に2回、薬を飲みます。

I go on a trip <u>four times a year</u>.

年に4回、旅行に行きます。

頻度を表す言葉を使いこなして、自分の習慣や行動について言えるようになりましょう。

「もの」「こと」のwhat

「もの」や「こと」を表すwhatは、「what＋主語＋動詞」の形で使い、「〜なもの」「〜なこと」という意味になります。この場合のwhatには、疑問詞（P100）のwhatのように「何が」という意味はありませんので注意しましょう。

「もの」や「こと」という意味のwhatを使うと、次のような文を作ることができます。

What we need is a discussion.
私たちに必要なのは議論です。

Tell me what you think.
あなたが考えていることを教えてください。

That's not what I have to do.
それは、私がしなくてはならないことではありません。

「what＋主語＋動詞」のかたまりは、名詞と同じ役割を持ちます。そのため、主語や補語、目的語として使うことができます。

　ここで主語と補語、主語と目的語の関係について、簡単に確認しておきましょう。補語というのは、be動詞を使った文で主語とイコールの関係になるものです。

I am Japanese.
主語 動詞　　補語

私は日本人です。（私＝日本人）

This is a book.
主語　動詞　　補語

これは本です。（これ＝本）

一方、目的語は動作の対象となるもので、主語とイコールの関係にはなりません。

I read a book.
主語　動詞　　目的語

　私は本を読みます。（私≠本）

以上を「もの」や「こと」を表すwhatを使った文に当てはめると、このようになります。主語と補語、主語と目的語の関係がわかれば、英語の意味が正しくわかります。

What I want is this.
　　　　主語　　　　動詞　補語

　私が欲しいのはこれです。
　（私が欲しいもの＝これ）

This is what I want.
主語　動詞　　　補語

　これこそが私が欲しいものです。
　（これ＝私が欲しいもの）

I know what you want.
主語　動詞　　　　目的語

　私は、あなたが欲しいものがわかっています。
　（私≠あなたが欲しいもの）

　文の中に主語や動詞が複数あるので、一見すると難しい文のように見えて混乱してしまうこともあるかもしれませんが、「what＋主語＋動詞」をかたまりとして考えてみると、文の構造をよりシンプルに捉えることができきます。

　22ページで英語には必ず主語があるとお話ししました。whatを使った文に限らず、どんなに複雑な文でも、どれが主語でどれが動詞なのか、さらに補語や目的語があるかを確認して分解していけば、必ず意味がわかるようになります。

家にある物を英語で言って
語彙力アップ！

　家の中で一番好きな場所はどこですか？　私はトイレでしょうか。特に理由はないのですが、どこか選ぶならトイレにします。基本的にひとりの空間が好きなのかもしれません。

　さて、家にはいろいろな物があるのですが、それを英語でなんと言うかと聞かれると意外と困ってしまうものです。蛇口、扇風機、引き出し、コンセント（これ、和製英語ですよ！）、ミキサー（これも和製英語です！）などなど。日常的に目にするものなのに、英語では言えない物が実は多いです。そして、この「単語を知らない」というのが、英語でリスニングができない最も大きな理由です。

「ターノンザファン」と言われたら何をしますか？　扇風機のスイッチを入れられたあなた、正解です！　Turn on the fan.と言われても、fanが扇風機を指すことを知らなければ何回リスニングしたってわからないものはわからないのです。人によっては、「ファン？　私、誰のファンでもないわよ？」なんて思ってしまうかもしれませんね。

　ちなみに、先ほどの物の名前は、蛇口はfaucet（フォーセット）、引き出しはdrawer（ドロワー）、コンセントはoutlet（アウトレット）、ミキサーはblender（ブレンダー）です。

　家の中を見渡して、視界に入るものを英語で言えるか、試してみましょう！　正しく言えなかったら、辞書で調べて紙に書いてその物に貼っておけば、そのうち覚えられます。

◀ Let's Talk! ▶
日々の習慣について話そう

毎日の習慣について、英語で話してみましょう。時間や頻度の表現を正しく使えるでしょうか？　日本語をよく見て、1つひとつ確認しながら英語にしましょう。

私は毎日、午前7時に起きます。

平日はいつも9時前には仕事に行きます。

普段は午後7時過ぎに家に帰ります。

疲れたときは、外食をします。

普段はお風呂に入ります。

1週間に1度、英会話スクールに通います。

週末には、ときどき友人と旅行に行きます。

毎週日曜日には、母に電話をします。

会話例は次のページ！ ➡

アイ　ウェイカプ　アト セヴン エイエム　エヴリ　デイ
I wake up at 7 AM every day.

私は毎日、午前7時に起きます。

アイ オー〜ウェイズ ゴウ　トゥ　ワ〜ク　ビふォー　ナインエイエム オン　ウィークデイズ
I always go to work before 9 AM on weekdays.

平日はいつも9時前には仕事に行きます。

アイ ユージュアリ　カム　バク　ホウム　アふタ セヴン ピーエム
I usually come back home after 7 PM.

普段は午後7時過ぎに家に帰ります。

ウェン　アイム　タイアド アイ イート　アウト
When I'm tired, I eat out.

疲れたときは、外食をします。

アイ ユージュアリ　テイカ　バす
I usually take a bath.

普段はお風呂に入ります。

アイゴウ トゥ アン　イングリシュ　カンヴァセイション　スクー〜ル　ワンス ア ウィーク
I go to an English conversation school once a week.

1週間に1度、英会話スクールに通います。

オン　ウィークエンズ　アイ　サムタイムズ　ゴウ オン ア トリプ ウィず マイ ふレンズ
On weekends, I sometimes go on a trip with my friends.

週末には、ときどき友人と旅行に行きます。

アイ コー〜ル マイ　マざ　エヴリ　サンデイ
I call my mother every Sunday.

毎週日曜日には、母に電話をします。

AIで英会話レッスン ▶ **AIにいろいろ質問してみよう**

AIに質問をしてみます。たとえば、How are you?（元気ですか？）と聞くとI'm feeling good.（元気ですよ）、Do you like me?（私のことが好きですか？）と聞くとI'm your friend.（私はあなたの友だちです）など、さまざまな答えを返してくれます。AIなので的外れな答えが返ってくることもありますが、どんどん質問をして発音やフレーズの勉強のためのツールとして、使ってみましょう！

Chapter 7

落とし物

① 電話で問い合わせる

海外旅行中に落とし物をしたら、焦ってしまいますね。「置き忘れた」という事実と、置き忘れた場所、落とし物の詳細を伝えてみましょう。ヒントは過去形を使うことです。

店員 Hello, this is Wide Island Restaurant.

あなた こんにちは。
そちらのレストランにバッグを置き忘れました。

店員 Oh, where did you leave it?

あなた　私は窓際に座っていました。
そこでバッグを見ましたか？

店員　Let me check. What's in the bag?

あなた　口紅が何本かとマニキュアとチョコレートバーが
いくつか…。

店員　OK. Just a moment, please.

店員　Sorry for the wait.
Is it a black bag with white dots?

あなた　はい。それこそ私が探していたものです！

店員　Good for you!
Would you like to come and pick it
up?

あなた　はい、今日の午後に立ち寄ります。
本当にありがとうございます！

会話例をチェック！ →

Listen & Talk!

覚えるべきはI left 〜というフレーズで、必ず過去形になります。解説もチェックして過去形を使えるようになりましょう！

店員　へろウ　ずィスィズ　ワイド　アイランド　レストラント
Hello, this is Wide Island Restaurant.

こんにちは、こちらはワイド・アイランド・レストランです。

あなた　ハイ　アイ　れふト　マイ　バグ　イン　ユア　レストラント
Hi. I left my bag in your restaurant.

こんにちは。 そちらのレストランにバッグを置き忘れました。

店員　オウ　ウェア　ディジュ　リーヴィト
Oh, where did you leave it?

そうですか、 どこに置き忘れましたか？

あなた　アイ　ワズ　スィティング　バイ　ざ　ウィンドウ
I was sitting by the window.
ディジュ　スィー　ア　バグ　ゼア
Did you see a bag there?

私は窓際に座っていました。 そこでバッグを見ましたか？

店員　れト　ミー　チェク　ワッツ　イン　ざ　バグ
Let me check. What's in the bag?

確認させてください。 バッグには何が入っていますか？

あなた　サム　リプスティクス　ネイる　パリシュ
Some lipsticks, nail polish,
アン　チャコれト　バーズ
and chocolate bars...

口紅が何本かとマニキュアとチョコレートバーがいくつか…。

店員　オウケイ　ヂャスト　ア　モウメント　プリーズ
OK. Just a moment, please.

わかりました。 少々お待ちください。

店員 Sorry for the wait.
Is it a black bag with white dots?

お待たせして申し訳ありません。
白い水玉模様のある黒いバッグですか?

あなた Yes. That's what I'm looking for!

はい。それこそ私が探していたものです!

店員 Good for you!
Would you like to come and pick it up?

それはよかったです! 受け取りにいらっしゃいますか?

あなた Yes, I'll come over this afternoon.
Thank you so much!

はい、今日の午後に立ち寄ります。
本当にありがとうございます!

過去形以外にも
whatや助動詞が
使えれば完璧です!

words

- leave(過去形left):置き忘れる ● by the window:窓際に
- lipsticks:口紅 ● nail polish:マニキュア
- chocolate bar:チョコレートバー ● Just a moment:少々お待ちください
- with ～ dots:～色の水玉模様のある ● pick ～ up:～を受け取る
- come over:やって来る、立ち寄る

I left my bag in your restaurant.

そちらのレストランにバッグを置き忘れました。

I left my bag in your restaurant.（そちらのレストランにバッグを置き忘れました）は**主語動詞グループ**の「過去形」を使っています。落とし物をしたときには、必ず過去のことを言うことになるので、過去形についても基本を押さえておきましょう。

過去形の文を作るときは、まず動詞を過去形にします。**一般動詞はwalkがwalked、playがplayedなど、動詞の最後に-edをつけるのが基本**です。その他に、**seeがsaw、leaveがleft、goがwentなど、不規則な形**になるものもあります（P202）。

現在形と過去形を例文で比べてみましょう。

アイ　ウォーク　トゥ　ざ　ステイション　エヴリ　デイ
I **walk** to the station every day.
毎日、駅まで歩いて行きます。

アイ　ウォークト　トゥ　ざ　ステイション　イェスタデイ
➡I **walked** to the station yesterday.
昨日、駅まで歩いて行きました。

アイ　ゴウ　トゥ　オキナワ　すリー　タイムズ　ア　イア
I **go** to Okinawa three times a year.
年に3回、沖縄に行きます。

アイ　ウェントゥ　オキナワ　らスト　マンす
➡I **went** to Okinawa last month.
先月、沖縄に行きました。

また、**be動詞を過去形にする場合は、amとisがwasになり、areがwereになります**。

It **is** cloudy today.

今日はくもりです。

➡ ## It **was** cloudy yesterday.

昨日はくもりでした。

落とし物をしたときには、次のようにleaveやloseの過去形を使って伝えることができます。過去形のleftは「置き忘れた」、lostは「なくした」という意味になります。

I **left** my wallet at the restaurant.

財布をレストランに置き忘れてしまいました。

I **lost** my hat last night.

昨晩、帽子をなくしました。

I **lost** my tablet.

タブレットをなくしてしまいました。

使う場面がないほうがいいのですが、いざというときに使えるように覚えておきましょう。

MEMO

「〜を忘れた」はforgotではなくleft

持ち物をどこかに置き忘れたとき、日本語では「傘を店に忘れた」というように「忘れた」という言葉を使いますね。けれど、英語で言うときは、forget（過去形はforgot）は使いません。英語ではある場所に置いてきたときは I left my umbrella at the shop.というようにleave（過去形はleft）を使います。leaveは、「離れる、去る」といった意味のほかに、「残す、置き忘れる」という意味もあります。forgetは記憶から抜けている場合に使われるため、I forgot my umbrella.と言うと、「（傘を持って行こうと思っていたのに）傘を忘れていた」となり、どこかに置き忘れたという意味にはなりません。

Did you see a bag there?

そこでバッグを見ましたか?

　例文のDid you see a bag there?（そこでバッグを見ましたか?）は過去形の疑問文です。過去形の文が作れるようになったら、次は疑問文と否定文も使えるようになりましょう。

　疑問文にするときは、現在形ではDo you ～?を使いますが、**過去形ではDid you ～?**になります。

Do you watch the news on TV every night?
ドゥユー　ワチ　ざ　ニューズ　オン ティーヴィー　エヴリ　ナイト

毎晩、テレビでニュースを見ますか?

➡**Did you watch** the news on TV last night?
ディジュー　ワチ　ざ　ニューズ　オンティーヴィー　らスト　ナイト

昨晩、テレビでニュースを見ましたか?

　同じように、現在形の否定文はdo notやdoes notを使いますが、**過去形ではdid not**になります。

　なお、疑問文も否定文も、現在形のときと同じように、動詞は過去形ではなく原形（元の形）になるので注意しましょう。

He **does not drink** alcohol on weekdays.
ヒー　ダズ　ナト　ドリンク　アるコホーる　オン　ウィークデイズ

彼は平日はお酒を飲みません。

➡He **did not drink** alcohol yesterday.
ヒー　ディド　ナト　ドリンク　アるコホーる　イェスタデイ

彼は昨日はお酒を飲みませんでした。

　be動詞の過去形は、疑問文はWas he ～?やWere you ～?に、否定文はHe was not ～.や You were not ～.になります。

Where are you?

あなたはどこにいますか?

➡Where were you last night?

昨晩はどこにいましたか?

He is not here now.

今、彼はここにいません。

➡He was not here last week.

先週、彼はここにいませんでした。

過去形の疑問文や否定文も、落とし物をしたときに使える例文があるのでご紹介しましょう。

Did you see a camera here?

ここでカメラを見ませんでしたか?

Did you find it?

それを見つけましたか?

I didn't see anything on the table.

テーブルの上には何も見当たりませんでした。

It was not there when I came back to the hotel.

ホテルに戻ったときには、それはそこにはありませんでした。

伝えたい内容がいつ起きたことなのか、時間に合わせて現在形と過去形をサクサク使い分けられるようになるといいですね! 過去形の文の作り方を練習するために、日々の行動をひと言日記のように、簡単な英語で書いてみるのもおすすめです。

② 電車に忘れ物をしたら

電車で落とし物をしたときは、路線名や行き先、降車時間、電車のどこあたりにいたかなどを伝えます。これまでにマスターしたフレーズや単語もいくつか使えますよ！

あなた　すみません。
　　　　電車にバッグを置き忘れました。

駅員　**What line did you take?**

あなた　ボストンカレッジ行きのグリーンラインです。

駅員　**What time did you get off?**

あなた 午前11時頃です。

駅員 Where were you on the train?

あなた 私は2両目か3両目にいたと思います。

駅員 Provide the detailed description of the item.

あなた 取っ手が2つついた茶色いバッグです。
ブランド名はありません。

駅員 What's in it?

あなた 黒い携帯電話があります。充電器もあります。
他は何でしょう…。
ああ、UVプロテクトのクリームが2つあります。

駅員 OK, that should be enough.
I'll call the Lost-and-Found desk now.
Wait a moment, please.

会話例をチェック！ ➡

3章の道案内で習った路線や行き先が言えればvery good! I thinkやI believeなど思いを伝える表現も覚えましょう。

Listen & Talk!

あなた Excuse me. I left my bag in the train.
すみません。電車にバッグを置き忘れました。

駅員 What line did you take?
何線に乗っていましたか?

あなた It's Green Line bound for Boston College. 🔍
ボストンカレッジ行きのグリーンラインです。

駅員 What time did you get off?
何時に電車を降りましたか?

あなた Around 11 AM.
午前11時頃です。

駅員 Where were you on the train?
電車のどのあたりにいましたか?

あなた I think I was in the second or the third car. 🔍
私は2両目か3両目にいたと思います。

駅員 Provide the detailed description of the item.

その物のくわしい説明をお願いします。

あなた It's a brown bag with two handles. It has no brand name.

取っ手が2つついた茶色いバッグです。 ブランド名はありません。

駅員 What's in it?

その中に何がありますか?

あなた There is a black cell phone. There is also a charger. What else... Oh, there are two UV protection creams.

黒い携帯電話があります。 充電器もあります。 他は何でしょう…。 ああ、 UVプロテクトのクリームが2つあります。

駅員 OK, that should be enough. I'll call the Lost-and-Found desk now. Wait a moment, please.

わかりました、それで十分でしょう。 遺失物係に電話をします。 少々お待ちください。

words –

- car：車両 ●provide：提供する ●detailed description：くわしい説明
- item：品物 ●handle：取っ手 ●brand name：ブランド名
- cell phone：携帯電話 ●charger：充電器 ●also：〜も
- what else：他に何か ●enough：十分 ●Lost-and-Found desk：遺失物係

It's Green Line bound for Boston College.

ボストンカレッジ行きのグリーンラインです。

電車やバスなど交通機関で落とし物をしたときは、**路線、行き先、車内のどの場所か、駅のどこで落としたのか**などを説明する必要があります。また、**落とした物の色や形**も具体的に聞かれます。

そんなときに役に立つのが魔法の言葉、It'sグループです！ It'sを使って、落とし物のくわしい情報を伝えましょう。

電車の路線は〜Lineといいます。また、**行き先はbound for**です。そんなのもう知っているよ、という方、すばらしいですね！ そうです、3章の道案内のときに登場した単語です。

It's Green Line bound for Boston College.
ボストンカレッジ行きのグリーンラインです。

例文以外にも、普段自分が使っている路線や駅名に言い換えて、使い方をマスターしましょう。**バスならルート（系統）の番号で説明することも**できます。

It's Route 11.
11系統です。

具体的な行き先がわからない場合でも、**「南行き」「北行き」などの方角や、「郊外行き」「市内行き」など、日本語でいう上り下りで表す**こともできます。

It's a southbound (northbound) bus.
南行き（北行き）のバスです。

It's an inbound (outbound) train.

上りの（下りの）電車です。

電車の**車両や座席の言い方**も覚えておきましょう。

It's the first (last) car.

先頭車両（最後尾の車両）です。

It's a seat in the back (in the front, near the door).

後方の（前方の、ドア付近の）座席です。

It's a window (aisle) seat.

窓側の（通路側の）席です。

It's seat 12C.

12Cの席です。

なくした物の詳細についても、It'sで始まる文を使って説明することができます。

It's a blue backpack with a floral pattern.

花柄の青いリュックです。

It's a gray laptop computer.

グレーのノートパソコンです。

It's a black Canon camera.

キヤノンの黒いカメラです。

持ち物を表す単語と、色や柄、ブランド名などを言えるように、普段持ち歩いているものを英語で言って練習してみましょう！

I think I was in the second or the third car.

私は2両目か3両目にいたと思います。

「〜は〜である」と断定する言い方以外に、「〜と思う」「〜と信じる」など自分の考えを添える言い方があります。I thinkやI guess、I believeなどの**主語動詞グループ**のあとに、「〜と思う」という内容をつなげてみましょう。

I think

私は思います

+I was in the second or the third car.

私は2両目か3両目にいました

このように、I thinkの主語動詞のあとに、「〜と思う」という内容の主語動詞（ここではI was）が続きます。

思いを表す単語には、think（〜と思う）、guess（推測する）、believe（たしか〜と思う、信じる）、suppose（たぶん〜と思う、仮定する）、assume（当然〜だと思う）、predict（〜と予言・予報する）などがあります。

I guess he is older than me.

彼は私より年上だと思います。

I believe there is truth in what she said.

彼女が言ったことには真実があると信じています。

I suppose she was right.

彼女が正しかったと思います。

I assume we should take risks.

私たちはリスクをとるべきだと思います。

I predict it will rain tomorrow.

明日は雨が降るだろうと予言します。

「〜と思う」という文の否定文を作りたいときは、**あとに続く主語動詞を否定形にはせず、思いを表す文頭のほうのI thinkなどを否定形にする**ことが多いです。日本語では「〜ではないと思う」「〜とは思わない」と2通りの言い方ができますが、英語では「〜とは思わない」という言い方をします。たとえば、I think she doesn't lie to me.（彼女は私に嘘をつかないと思います）という言い方は英語ではしないので注意しましょう。

I don't think you are wrong.

私はあなたが悪いとは思いません。

I don't think she lies to me.

彼女が私に嘘をつくとは思いません。

　このように、否定するときは日本語での言い方と異なる点があるので覚えておきましょう。

「〜と思う」という言い方をすると、同じ内容を言うとしても、自分の思いや判断として伝えることができます。ぜひ使ってみてください。

🖊 useful words

トラブルが起きたときに使える言葉

- 落とし物：lost property　●紛失：loss
- 遺失物取扱所：Lost-and-Found　●窃盗：theft
- 強盗：robbery　●痴漢：molester　●交通事故：car accident
- 警察：police　●救急車：ambulance　●病院：hospital

過去形

　本書では、基本的な英会話を覚えていただくために、主に現在形の文を扱ってきました。けれど、落とし物のように必ず過去形で言う場面もあるので、ここでは過去形の使い方もご紹介します。

　過去・現在・未来の時間のうち、過去の出来事について言う場合に動詞を過去形にします。

　過去形にはbe動詞の過去形と一般動詞の過去形があります。be動詞の過去形はwasとwereの2つだけで、次のようにamとisがwasに、areがwereになります。

be動詞の現在形と過去形

現在形	過去形
am	was
is	was
are	were

　一般動詞の過去形は、動詞の後ろに-edをつけるのが基本です。現在形と比べてみましょう。

I cook dinner every day.

私は毎日、夕飯を作ります。

I cooked dinner yesterday.

私は昨日、夕飯を作りました。

　過去形の-edのつけ方には例外もあるので、確認しておきましょう。動詞の最後がどのような形になっているかによって、過去形の作り方が変わります。

-edをつける過去形の不規則な形

● **動詞が子音＋yで終わるとき**
　➡yをiに変えて-edをつける

　例 cried, dried, fried, studied, tried

● **動詞の最後に発音しないeがあるとき**
　➡eを取って-dをつける

　例 hoped, liked, lived, moved, used

● **動詞が短い母音＋子音で終わるとき**
　➡子音を2つ重ねて-edをつける

　例 planned, stopped, wrapped

● **動詞がhaveの場合**
　➡hadになる

● **その他の不規則な形**
　➡それぞれ違う形になる（表を参照）

　一般動詞の過去形には、-edがつかない不規則形も多くあります。最初からすべて覚えるのは大変なので、まずは次の表にある主なものを覚えましょう。

過去形の不規則形の例

現在形	過去形
drive	drove
eat	ate
get	got
go	went
leave	left
see	saw
take	took

　辞書で動詞を調べると過去形の形も載っているので、どの動詞が-edをつけ、どの動詞が不規則になるかは、辞書を調べればわかります。必要なときに調べながら、ひとつずつ覚えていきましょう。

海外でパスポートや
クレジットカードをなくしたら?

　海外で旅行中に落とし物をしたらとても焦りますよね。せっかく楽しみにしていた旅行に来ているのですから、できればそんなハプニングは起こって欲しくないものです。

　けれど、旅にはハプニングもつきものです。私が最初に海外に行ったのは中学生のときのシアトルでのホームステイだったという話をしましたが、そのときの付き添いの先生が、パスポートが入ったカバンをどこかに忘れた、ということが本当に起こりました。「俺も甘かった…」と先生がとても悔しそうな顔をしていたのが印象的で、今でもよく覚えています。その先生がその後どうなったのか、くわしくはわかりません。大使館か領事館に急行して、どうにか帰りのフライトまでにはパスポートが作れたのでしょうか…?

　海外でパスポートやクレジットカードなど大事なものをどこかに忘れたりなくしたり、あるいは盗まれたりしたときには、すぐに警察や大使館などその地域を管轄する場所に連絡しましょう。旅行前にはそうした緊急連絡先の電話番号を調べていったほうがいいですね。

　忘れがちなのが、保険会社やクレジットカード会社への連絡です。海外の旅先からどの番号にかければいいのか?　国際電話になる場合にはどのようにかけるのか?　いざ焦ってしまうとわからなくなるものです。あらかじめ調べて知っておくと安心ですね。

◀ **Let's Talk!** ▶
電話で落とし物の問い合わせをする

落とし物の問い合わせをするときは、落とした場所と日時、落とし物の詳細を伝えます。落とし物の内容も、できるだけ具体的に言えるようチャレンジしましょう。

係員 　Hello. This is Tourism Bus Company. May I help you?

あなた 　バスにバッグを置き忘れたようです。

係員 　When and where did you get off the bus?

あなた 　昨日の午後6時頃、ユニオン駅でバスを降りました。

係員 　What's in the bag?

あなた 　カメラがあります。ガイドブックもあります。

係員 　What brand is your camera?

あなた 　ニコンのカメラです。

会話例は次のページ！➡

係員　Hello. This is Tourism Bus Company. May I help you?

こんにちは。ツーリズム・バス・カンパニーです。ご用件は何でしょうか?

あなた　I think I left my bag in the bus.

バスにバッグを置き忘れたようです。

係員　When and where did you get off the bus?

いつどこでバスを降りましたか?

あなた　I got off the bus at Union Station around 6 PM yesterday.

昨日の午後6時頃、ユニオン駅でバスを降りました。

係員　What's in the bag?

バッグの中には何がありますか?

あなた　There is a camera. There is also a guidebook.

カメラがあります。ガイドブックもあります。

係員　What brand is your camera?

カメラのメーカーは何ですか?

あなた　It's a Nikon camera.

ニコンのカメラです。

AIで英会話レッスン　色や柄、素材は英語でなんと言う?

落とし物の詳細を伝えるときに、色や柄、素材などを英語でうまく伝えられないこともあります。そんなときは、Google翻訳などのアプリに話しかけましょう。たとえば、「花柄」はflower pattern、「水色」はlight blue、「黄緑」はyellowish green、「革製のバッグ」はleather bagなど、英語でなんと言うかその場ですぐに調べることができます。

Chapter 8

病気・ケガ

① 具合が悪くなったら

街中で具合が悪くなったら、周りの人に症状を伝え、病院の場所を聞いたり、救急車を呼んでもらったりします。そのとき、どのように英語で話せばいいのかチャレンジしてみましょう。

相手　Are you OK?
What's the problem?

あなた　頭痛がひどいのです。

相手　Oh, that's not good.

あなた　このあたりに病院はありますか？

相手 There is Green Union Hospital.

あなた どのくらい遠いですか?

相手 I guess it's about three miles away. Do you think you can get there by taxi?

あなた そうは思わないです。
具合が悪くて立っていられません。
救急車を呼んでいただけますか?

相手 OK, I'll call 911 immediately. What's your name?

あなた 市川かおりです。

~~~~~~~~

相手 They said they're gonna arrive here in about 15 minutes. Can you wait?

あなた はい、待てます。
本当にありがとうございます。

会話例をチェック! ➡

まず、I have a 〜. の痛みを表すフレーズを覚えましょう。場面を想像しながら、何度も繰り返し練習してくださいね。

Listen & Talk!

相手　Are you OK? What's the problem?
大丈夫ですか？　どこが悪いんですか？

あなた　I have a bad headache.
頭痛がひどいのです。

相手　Oh, that's not good.
ああ、それはよくないですね。

あなた　Is there a hospital around here?
このあたりに病院はありますか？

相手　There is Green Union Hospital.
グリーン・ユニオン病院があります。

あなた　How far is it?
どのくらい遠いですか？

相手　I guess it's about three miles away.
Do you think you can get there by taxi?
たぶん3マイルくらい離れています。
そこまでタクシーで行けると思いますか？

あなた I don't think so. I'm too sick to stand.
Could you call an ambulance?

そうは思わないです。具合が悪くて立っていられません。
救急車を呼んでいただけますか？

相手 OK, I'll call 911 immediately.
What's your name?

わかりました、今すぐ911番に電話します。
あなたの名前は何ですか？

あなた I'm Kaori Ichikawa.

市川かおりです。

相手 They said they're gonna arrive here in
about 15 minutes. Can you wait?

15分以内にここに到着すると言っていました。待てますか？

あなた Yes, I can wait.
Thank you so much.

はい、待てます。本当にありがとうございます。

📖 **words** -------------------------

- What's the problem?：どうしましたか？（どこが悪いんですか？）
- headache：頭痛　●mile：マイル（1マイル＝約1.6キロメートル）
- away：離れている　●I don't think so：そうは思わない
- too A to B：AすぎてBできない　●call an ambulance：救急車を呼ぶ
- immediately：今すぐ、ただちに　●gonna〜：〜する予定（＝going to）
- in 〜 minutes：〜分以内に　●wait：待つ

I have a bad headache.

頭痛がひどいのです。

　海外旅行中に突然体調が悪くなったら、自分の症状をきちんと伝えられるか、医師の言っていることが理解できるかなど、不安になってしまいますね。

　けれど、心配はいりません。病気のときに使うフレーズも、だいたい決まっているので、あらかじめ知っておけば慌てることはありません。

　まずは、使用頻度の高い**「痛み」を伝えるフレーズ**を覚えましょう。

I have a bad headache.
（アイ　ハヴァ　バド　ヘデイク）

頭痛がひどいのです。

「頭痛」はheadに痛みを表すacheをくっつけて、headacheといいます。さらにhaveを使い I have a headache.（直訳：頭痛を持っています）という言い方で「頭痛がする」という意味になります。

acheを使った症状は他に「腹痛」「歯の痛み」「背中の痛み」などがあり、どれも部位名にacheをつけます。

I have a stomachache (toothache, backache).
（アイ　ハヴァ　スタマクエイク　トゥーセイク　バクエイク）

お腹（歯、背中）が痛いです。

　痛みを表現する方法はもう1つあります。「痛み」というとacheよりもpainを思い浮かべる人が多いと思いますが、**I have a pain in my ～.という言い方で「～が痛い」と言うことができます。**

I have a pain in my head (throat, chest, shoulder).
（アイ　ハヴァ　ペイン　イン　マイ　ヘド　サロウト　チェスト　ショウルダ）

頭（のど、胸、肩）が痛いです。

in my 〜の部分に体の部位を入れるだけなので、簡単ですね。痛みに苦しんでいるときに、「acheかな、painかな」と考える余裕はありませんから、「痛くて困ったらpain」と覚えておくといいでしょう。

I have 〜.は症状を表すときによく使います。

アイ ハヴァ コウるド
I have a cold.
風邪をひいています。

アイ ハヴ ダイアリア
I have diarrhea.
下痢をしています。

これだけ言えれば安心ですね!

アイ ハヴァ ラニ ノウズ
I have a runny nose.
鼻水が出ます。

アイ ハヴァ コーふ
I have a cough.

せきが出ます。

症状が2つ以上ある場合はandでつなげばOKです。

アイ ハヴァ ふィーヴァ アン ア ヘデイク
I have a fever and a headache.

熱と頭痛があります。

症状を表す言葉は他にもあるので220ページでもご紹介しますが、まずはI have 〜.のフレーズを言えるようになりましょう。

useful words
症状を表す言葉

- 腹痛：stomachache　●歯の痛み：toothache　●嘔吐：vomit
- 下痢：diarrhea　●便秘：constipation　●せき：cough
- くしゃみをする：sneeze　●熱：fever　●寒気：chill　●風邪：cold
- インフルエンザ：flu　●めまいがする：dizzy　●出血：bleeding
- 貧血：anemia　●血圧：blood pressure ●熱中症：heatstroke
- 生理：menstruation　●妊娠している：pregnant

I'm too sick to stand.

具合が悪くて立っていられません。

I'm too sick to stand.（具合が悪くて立っていられません）は、**「Aすぎてbできない」という意味のtoo A to B**を使ったフレーズです。

too A to Bは、「Aすぎてbできない」「BするにはあまりにもAである」という意味で、具合が悪くて立っていられない、気持ちが悪くて食べられない、などと言いたいときに使えます。

アイム　　トゥー　　スィク　　トゥ　　スタンド
I'm **too sick to stand.**
具合が悪くて立っていられません。

アイ　フィール　　トゥー　　バド　　トゥ　　イート
I feel **too bad to eat.**
気持ちが悪くて食べられません。

アイム　　トゥー　　ハングリ　　トゥ　　スリープ
I'm **too hungry to sleep.**
お腹が空きすぎて眠れません。

ユアー　　トゥ　　タイアド　　トゥ　　ゴウ　　アウト
You are **too tired to go out.**
あなたは疲れすぎていて出かけられません。

シー　　ワズ　　トゥー　　アングリ　　トゥ　　スピーク
She was **too angry to speak.**
彼女はあまりにも腹が立って口もきけなかった。

つらい状況を
簡単に伝え
られます

too A to BのAとBの単語を入れ換えれば、いろいろな「Aすぎてbできない」という状況を表現することができます。

また、too A to Bは、**つなぎ役グループのso（〜なので）と助動詞グループの否定形can'tを使って言い換える**こともできます。次の例文で言い

換え方を確認しましょう。

He is too shy to talk to girls.
<small>ヒー イズ トゥー シャイ トゥ トーク トゥ ガ～るズ</small>

彼は恥ずかしがりやすぎて女の子に話しかけられません。

➡He is very shy, so he can't talk to girls.
<small>ヒー イズ ヴェリ シャイ ソウ ヒー キャント トーク トゥ ガ～るズ</small>

彼はとても恥ずかしがりやなので、女の子に話しかけることができません。

I'm too busy to go to a dentist.
<small>アイム トゥー ビズィ トゥ ゴウ トゥ ア デンティスト</small>

私は忙しすぎて歯医者に行けません。

➡I'm very busy, so I can't go to a dentist.
<small>アイム ヴェリ ビズィ ソウ アイ キャント ゴウ トゥ ア デンティスト</small>

私はとても忙しいので、歯医者に行くことができません。

I'm too sleepy to read this book.
<small>アイム トゥー スリーピ トゥ リード ずィス ブク</small>

私は眠すぎてこの本を読めません。

➡I'm very sleepy, so I can't read this book.
<small>アイム ヴェリ スリーピ ソウ アイ キャント リード ずィス ブク</small>

私はとても眠いので、この本を読むことができません。

　いかがでしょうか？　 soとcan'tを使って言い換えると文が長くなりますね。逆に考えると、too A to Bを使うとそれだけ複雑な内容をシンプルに言うことができるということです。

　便利なうえに、使えると「英語をよく知っているな」と思ってもらえるフレーズです。ぜひ覚えておいてください。

> **MEMO**
>
> **notの意味を持つtoo**
> ───────────
> too A to Bのtooは、113ページでご紹介した「〜すぎる」という意味のtooです。too A to Bの形になると、「AすぎてBできない」という訳になります。どこにもnotとは書かれていないのですが、否定の意味を持つのがポイントです。

② 病院の受付と診察

病院の受付でのやりとりや、診察室で医師に症状やその詳細を説明するシーンです。間違えてもいいので、まずは英語で言えるかチャレンジしましょう！

あなた　具合が悪くて、受診したいです。

受付係　Do you have a patient card?

あなた　いいえ、持っていません。これが初めてです。
　　　　日本からここに訪れています。

受付係　I see. How about insurance?

あなた 保険はあります。
そしてこれが身分証明書です。

受付係 Fill out this sheet and take your temperature.

医師 What are your symptoms?

あなた 吐き気がして、食べたものを吐きました。

医師 When did it start?
Did you vomit once?

あなた 昨日の夜に始まって、数回吐いてしまいました。

医師 I see. I think it's food poisoning.
I will prescribe medicine.

あなた こちらの病院に入院しなくてはなりませんか？

医師 I don't think so.
What you have to do is drink a lot of water.

会話例をチェック！➡

あまり聞かない単語が登場しますが、使われる単語はだいたい決まっています。何回も聞いて話して覚えましょう。

Listen & Talk!

あなた アイ ふィール スィク アン アイ ウォントゥ スィー ア ダクタ
I feel sick, and I want to see a doctor.
具合が悪くて、受診したいです。

受付係 ドゥユー ハヴァ ペイシェント カード
Do you have a patient card?
診察券をお持ちですか?

あなた ノウ アイ ドウント ハヴ ワン イッ マイ ふァ〜スト タイム
No, I don't have one. It's my first time.
アイム ヴィズィティング ヒア ふロム チャパン
I'm visiting here from Japan.

いいえ、持っていません。これが初めてです。
日本からここに訪れています。

受付係 アイ スィー ハウバウト インシュランス
I see. How about insurance?
わかりました。保険についてはいかがですか?

あなた アイ ハヴ インシュランス アン ずィスィズ マイアイディー
I have insurance. And this is my ID.
保険はあります。そしてこれが身分証明書です。

受付係 ふィらウト ずィス シート アン テイク ユア
Fill out this sheet and take your
テンペラチャ
temperature.
こちらの用紙に記入して、熱を測ってください。

医師 ワト アー ユア スィンプトムズ
What are your symptoms?
どのような症状ですか?

あなた **I feel nauseous, and I threw up what I ate.** 〇

吐き気がして、食べたものを吐きました。

医師 **When did it start? Did you vomit once?**

それはいつ始まりましたか？　吐いたのは一度ですか？

あなた **It started last night, and I vomited several times.** 〇

昨日の夜に始まって、数回吐いてしまいました。

医師 **I see. I think it's food poisoning. I will prescribe medicine.**

わかりました。食中毒だと思います。薬を処方しておきます。

あなた **Do I have to stay in this hospital?**

こちらの病院に入院しなくてはなりませんか？

医師 **I don't think so. What you have to do is drink a lot of water.**

そうは思いません。
あなたがしなくてはならないのは、たくさん水を飲むことです。

words

- see a doctor：受診する　• patient card：診察券
- insurance：保険　• take ～'s temperature：熱を測る
- symptom：症状　• feel nauseous：吐き気がする
- throw up：吐く　• ate（eatの過去形）：食べた　• vomit：吐く
- food poisoning：食中毒　• prescribe：処方する
- medicine：薬　• stay in a hospital：入院する

I feel nauseous,
and I threw up what I ate.

吐き気がして、食べたものを吐きました。

　症状を伝えるフレーズは、212ページでご紹介したI have 〜.の他にもいくつかあります。よく使うのは、feelとhurt、injureとbreakです。

　まず、**feelは「感じる」という意味で、吐き気やめまい、かゆみなど、見た目にははっきり表れない症状**を感じているときに使います。

アイ ふィーる ノーシャス
I feel nauseous.

吐き気がします。

アイ ふィーる ディズィ
I feel dizzy.

めまいがします。

> つらいときは
> I feel bad.でOK!

マイ スキン ふィーる イチ
My skin feels itchy.

皮膚にかゆみを感じます。

feelのあとに症状を表す単語を入れましょう。英語でなんと言えばいいかわからないときには、I feel bad.（具合が悪いです）でも伝わります。

　何か原因があって傷つけた場合はhurt（傷つける）を使い、ケガについて言うときはinjure（痛める、ケガをさせる）を使います。また、骨折をしたときはbreak（折る、骨折をする）が使えます。

アイ ハ〜ト マイ ふィンガ ウィず ナイふ
I hurt my finger with knife.

ナイフで手を傷つけました。

アイ インヂャド マイ ハンド ふト
I injured my hand (foot).

手（足）をケガしました。

I **broke** my right leg (left arm).

右脚（左腕）を骨折しました。

　これらの動詞は、あとに続く体の部位を変えるだけでさまざまに言い換えができます。その他、個別の症状を表す動詞もいくつか知っておきましょう。

I **threw up** what I ate.

食べたものを吐きました。

　throw up（吐く、過去形はthrew）はvomitで言い換えることもできます。what I ateはwhatグループを使っていて「私が食べたもの」という意味になります。

　出血があるときは、blood（血）を動詞の形にしたbleed（出血する）を使いましょう。I'm bleeding from 〜.という言い方で「〜から出血している」と言うことができます。

I'm **bleeding** from my nose (mouth).

鼻（口）から出血しています。

　普段、調子が悪くなったときやケガをしたときに、英語でなんと言うか、考える癖をつけるといいですね。どうせなら、病気やケガも英語を勉強するチャンスとして生かしましょう！

MEMO

海外で救急車を呼ぶときは何番にかける？

日本では119番に電話して救急車を呼びますが、他の国では救急車を呼ぶときに何番に電話をかければよいのでしょうか？　アメリカやカナダは911、イギリスは999、ドイツは112、オーストラリアは000、ニュージーランドは111…と各国で番号はさまざまです。タイは1554で珍しく4桁です。韓国と台湾は日本と同じ119なので、間違える心配がありませんね。電話をかけたら、症状と現在地、名前を伝えて、あとは相手の指示に従えば大丈夫です。

It started last night, and I vomited several times.

昨日の夜に始まって、数回吐いてしまいました。

　病院で必ず聞かれるのが、症状やケガがいつからあるのか、どのくらいの頻度で症状が出ているのか、ということです。過去の時期や頻度について、言えるようにしましょう。

　It started ～.と～の部分に時期を入れれば簡単に答えることができます。**英語で過去を表すときはlastをよく使います。**

It started last night.

昨日の夜から始まりました。

It started last week.

先週から始まりました。

「昨日」をyesterdayというのはみなさんご存知ですが、「おととい」や「3日前」はなんというでしょうか？　意外と知らない方が多いので、確認しておきましょう。

I injured my ankle the day before yesterday.

おととい、足首をケガしました。

I have a pain in my back. It started three days ago.

背中に痛みがあります。3日前から始まりました。

「おととい」はthe day before yesterdayで、「昨日の前の日」という言い方をします。わかりやすいですね。**「〜日前」は〜 days ago**です。agoが「前」という意味なので、たとえば「2年前」なら、two years agoとなります。

　症状の起こる頻度も言えるようになりましょう。頻度は178ページでくわしくご説明していますので、そちらもチェックしてみてくださいね。

_{アイ　ヴァミテド　セヴラる　タイムズ}
I vomited several times.
数回吐いてしまいました。

　数えきれないほど何度も症状が起きる場合は、many times（何回も）と言えばOKです。くしゃみやせきが繰り返し起こっている場合は、a lot（たくさん）も使えます。

_{アイ　すルー　アプ　メニ　タイムズ}
I threw up many times.
何回も吐いてしまいました。

_{アイ　スニーズ　ア　らト}
I sneeze a lot.
くしゃみがたくさん出ます。

頻度は6章の復習ですね！

　英語で症状について説明し、いつから始まったか、どのくらいの頻度で起きているかが言えれば、万が一、病気やケガになったときも安心です。でも、もちろんケガや病気をせずに無事に日本に帰ってこられるほうがいいですよね。みなさんがこれらの例文を使うことなく、旅を楽しめることをお祈りしています。Have a nice trip!

✏ useful words
薬の処方に関する言葉

- 薬：medicine ●食前：before meals ●食後：after meals
- 〜時間ごと：every 〜 hours ●1日1回：once a day
- 〜 times a day：1日に〜回 ●〜錠：〜 tablet(s)
- 〜包：〜 pack(s) ●内服薬：oral medicine
- 外用薬：topical medicine

旅先の「もしも」は
突然にやってくる!?

　海外旅行で心配なのが、病気や事故などの予期せぬトラブルへの対応です。実際、外国で交通事故に遭ったり、体調が悪くなったりすることはあり得るのです。

　私がロサンゼルスに住んでいたとき、2回病院に運び込まれたことがあります。1回目は交通事故です。車に乗って赤信号で停まっていたときのこと。対向車がカーブを曲がりきれずにこちら側にはみ出してきて正面衝突しました。死ぬかと思う暇もない一瞬の出来事で、エアバッグに助けられました。救急車で搬送され診察を受けましたが、異常なく、奇跡的にその日のうちに退院となりました。相手は逃走し捕まらず、車は保険適用外の大破で廃車。救急車での搬送費を15万円請求されて終了…という踏んだり蹴ったりの事故でした…。まぁ、命があっただけよかったとしましょう。

　2回目は、風邪をこじらせすぎて病院へ搬送されました。当時、SARSという感染症が世界中で流行して、問題になっていたのですが、私もSARSではないかと疑われて隔離されたのです。ただの風邪だったのですが…。おそらく、あまりに咳がひどく炎症を表す値が高かったために、病院側もそう判断したのでしょう。

　私のようなケースはまれですが、病気やケガをしたときに使えるフレーズは覚えておくといいですね。症状を表す言葉は難しいので、現地でスマホのAIで調べるのもおすすめです。

◀ Let's Talk! ▶
病院で症状を伝えるとき

病院の診察で、症状の内容やいつから症状があるかを伝えましょう。
病気やケガに関する単語は、普段は使わないからこそ、いざという
ときに使えるように練習しておくと安心です。

医師　What are your symptoms?

あなた　胃が痛くて、吐き気がします。

医師　When did it start?

あなた　2日前から始まりました。

医師　Do you have a fever?

あなた　いいえ。熱はありません。

医師　I see. I think it's gastritis.
　　　I will prescribe medicine.

会話例は次のページ！➡

医師　What are your symptoms?

どのような症状ですか？

あなた　I have a stomachache, and I feel nauseous.

胃が痛くて、吐き気がします。

医師　When did it start?

いつから始まりましたか？

あなた　It started two days ago.

2日前から始まりました。

医師　Do you have a fever?

熱はありますか？

あなた　No. I don't have a fever.

いいえ。熱はありません。

医師　I see. I think it's gastritis.
I will prescribe medicine.

わかりました。おそらく胃炎でしょう。薬を処方しておきます。

AIで英会話レッスン ◀ 音声検索ができないときは手書き入力を使おう

「腸」と「超」、「腿」と「桃」のように同音異義語がある言葉や、「胃」のような
ごく短い言葉は、翻訳アプリに話しかけてもうまく音声検索できないことがあり
ます。そんなときは「手書き入力」の機能を使いましょう。調べたい言葉を指で
画面に書き込むとAIが認識して英訳を教えてくれます。その他、カメラで読み込
んだ文字を英訳または和訳してくれる便利な機能もあります。

7つのフレーズ まとめ

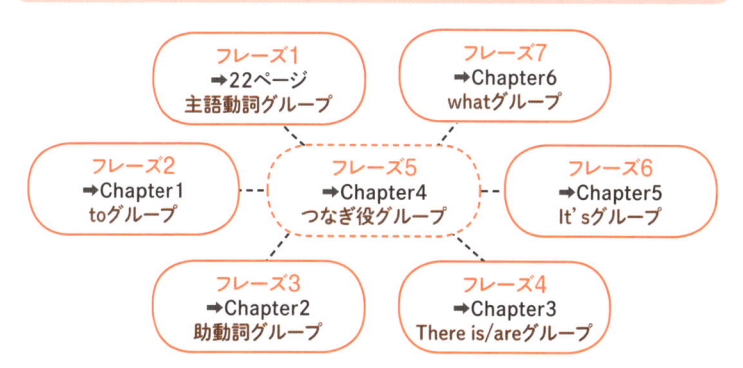

❶主語動詞グループ

I am Japanese. (私は日本人です)、He is a student. (彼は学生です)、You speak English. (あなたは英語を話します) など、主語+動詞のシンプルな構成。

❷toグループ

want to (〜したい)、have to (〜しなければならない)、need to (〜する必要がある)、like to (〜することを好む)、prefer to (〜することを好む) などがあり、行動の背景を表す。

❸助動詞グループ

will (〜するだろう、〜するつもり)、can (〜できる)、should (〜したほうがよい)、must (〜しなければいけない)、may (〜するかもしれない、〜してもよい) などがあり、動詞にさまざまな意味を足す。

❹There is/areグループ

There is a park. (公園があります)、There are no cafes around here. (このあたりにカフェはありません) など、「〜がある」「〜がない」という意味がある。

❺つなぎ役グループ

複数の文や節、語をつなぐ。and (そして)、but (でも、しかし)、so (だから、なので)、if (もし〜なら)、when (〜するとき) などがある。

❻ It's グループ

It's 3 PM. (午後3時です)、It's necessary to speak in English. (英語で話すことが必要です) など、複雑な文をIt'sを使って簡単に言うことができる。

❼whatグループ

I know what you mean. (あなたが言いたいことはわかります)、What I want is this. (私が欲しいのはこれです) など、「what + 主語 + 動詞」の形で「もの」「こと」という意味のある文を作る。

おわりに

本書を読んだあなたが「ずっと話せる」ようになるために

本書をお読みいただいたあなたに、さらに英語をしっかりと、短時間で楽しく身につけられる方法をお伝えしたいと思います。

実は、本書を作るにあたり、「もう少し内容を絞るべき?」と思ったこともありました。けれど、できることはすべてやりきろうと決め、7つのフレーズや頭に入りやすいシチュエーション、無料音声など、本という形でできることはすべて盛り込みました。

しかし、本には限界があります。本書の無料音声で反復練習はできますが、「会話」はできません。そして、いずれ本書を本棚にしまいこんで練習をする機会がなくなったら、「英語が話せない」あなたに戻ってしまう…。これほどもったいないことはありません。

そこで、能動的に英語を身につけるシステムを開発しました。そこには、UCLAで学んだ脳神経科学のほか、ハーバード大学やスタンフォード大学など世界の超一流大学への留学サポートや英語の先生に英語の教え方を指導した経験を通して培った、本書には入れられなかった私のノウハウのすべてを注ぎ込んでいます。

☑ **楽しみながら**
☑ **短期間で**
☑ **ペラペラになる**

それが、私が開発した「おうちホームステイ」なのです。

総務省、文部科学省、防衛省などの省庁から、アップル、三井物産など誰もが知っているトップクラスの大企業、そして東大、京大、早慶上智、ICUなどでの講演でお話ししてきたことも「おうちホームステイ」で学んでいただけます。

今度こそ本当に、英語であなたの人生を変えましょう!

「1週間で英語がペラペラになる」と聞いてどう思いますか? そんなことができるはずがないと思われるでしょうか。実は、それは不可能なことではありません。本書の内容をしっかり学んでいただき、さらに「おうちホームステイ」を使っていただければ可能なのです。実際に受講した方のなかには、シチュエ

ーションを絞って、1週間でペラペラと会話をすることができるようになった方もいます。

　あなたは英語が話せるようになったら何がしたいですか？　英語が話せると、次のようなことができるようになります。

- 外国人と自分の言葉でコミュニケーションできる
- 英語に携わる仕事に就くことができる
- 楽しく海外旅行をして、現地の人と交流ができる
- 得られる情報量が10倍以上になり、情報の質も向上する

　他にも書ききれないほどありますが、すべて実現できるのです！

　これだけ結果が出ていることをお伝えしても、「本当に自分にもできるの？」と不安になる方がたくさんいらっしゃいます。これは、日本の英語教育が採点のしやすい文法に集中し、話すことを軽視してきたせいです。受験英語で「正しさ」ばかりを重視してきたせいで、外国人と会話するときも「間違えたらいけない」と思い込み、結局、何も話せなくなるという本末転倒な状態になっているのです。

　英語の文法や骨組みを理解することは大切ですが、ミスを気にせずにどんどん話さなければ、「使える英語」はいつまで経っても身につきません。では、いったいどうすれば英語が話せるのか？

1日30分、2ヶ月で話せるようになる3つのポイント

　安心してください！　「おうちホームステイ」なら1日30分、2ヶ月あれば話せるようになります。新しい単語をいくつも覚えたり、今まで聞いたことのないような新しいことを勉強したりする必要はありません。勉強をしなくても、英語が話せるようになるのです。
「おうちホームステイ」には短期間で英語を話せるようにするための3つのポイントがあります。

● パターンを絞った「7つのフレーズ」

　7つのフレーズはこの本でくわしく解説しましたので、すでにおわかりですね。「おうちホームステイ」は7パターンのフレーズしか使わないからこそ、1日30分、2ヶ月で話せるようになるのです。

●ネイティブの発音を聞いて自分で発音する反復練習

次は英語を聞いて、話しましょう。意味はわからなくてもいいので、聞こえたまま、マネして反復する。やることはたったこれだけです。

脳神経科学では「身につけてから理解する」が正解だと最初に申し上げました。聞こえるまま発音し、それを反復練習すると、たとえ文法や文の構造、意味がわからなくても、脳に音声が残っているため同じような音声を聞いたときに反応できるのです。

●家にいながらアウトプットができるAIホームステイ

「ホームステイをすると英語が話せるようになる」と言われます。一般的な英語学習教材とホームステイの差は、「アウトプットの量の差」です。ホームステイをした人は英語を使う機会がたくさんあるから上達が早いのです。それを、あなたの家で実現する方法があります。

それこそが、「おうちホームステイ」の核となる部分、「AIホームステイ」です。机で勉強するのではなくソファに座ってテレビをつけるような感覚で、スマホのAIと英語で会話する、天気を聞く、今日の予定を確認する、遊ぶ場所を探す…といったことができます。

英語を早く身につけるために大切なのは、「覚えた英語をその場ですぐに使える環境」です。「自分の英語が通じている!」という感動を得ながら、定着させることができるのがAIホームステイの特徴です。普段の生活で自然と英語を使うようになるので、勉強というよりゲームをするような感覚で楽しめます。

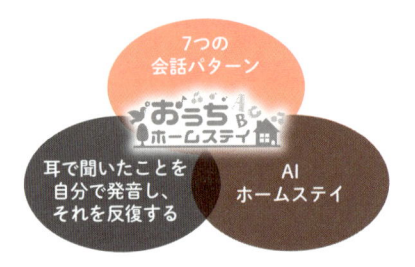

この3つを組み合わせた学習法が、「おうちホームステイ」の全貌です。ひたすら単語や構文をインプットするだけの英語学習本や、教室以外では英語を使えない英会話スクールとの違いです。

「おうちホームステイ」を始めればどんどん英語が話せるようになり、1年後には右のグラフのようにあなたの人生が大きく変わっているでしょう。

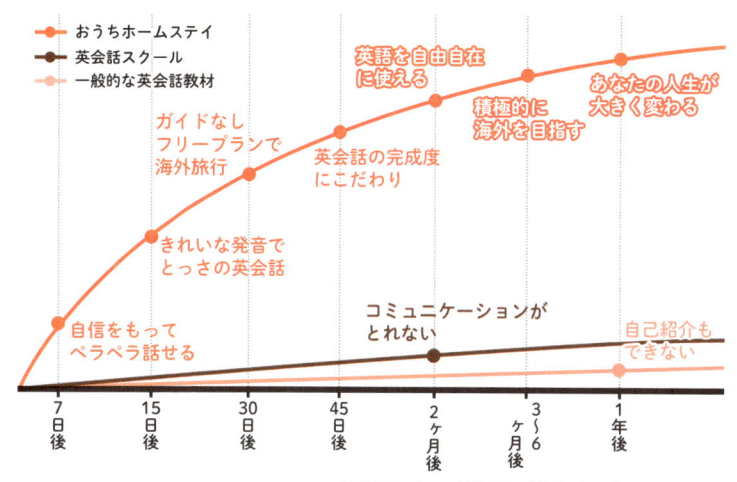

※英会話スクールは週1回1時間通った場合です。一般的な
英会話教材は勉強だけでアウトプットがない状態です。

超一流のサポート陣がバックアップ

さらに、「おうちホームステイ」が他と決定的に違うのは、充実したサポートがあることです。LINEやメールでのサポート役には、私と同じUCLAを卒業し、長年海外の超一流大学への留学指導をしていたベテラン講師を筆頭に、アメリカの超一流大学を卒業した優秀なネイティブスピーカーたちを数多く揃えました。短期間で英語が話せるようになるためには、ノウハウだけではなくて、教える先生も超一流でなければいけません。

私のすべてを注ぎ込んだ、「おうちホームステイ」。ぜひ、この本を読んだあなたにこそ、ご参加いただき、本当に英語を話せるようになっていただきたいのです。英語という「壁」を「扉」に変えて、世界へ飛び出しましょう。

右のQRコードから私の公式LINEにアクセスしてください。

あなたにお会いできるのを楽しみにしています。

2019年7月　山内勇樹

*本書の本編（P18〜227）に関するご質問はメールでこちらのアドレスまでお送りください。
usaclub@sapiens-sapiens.com

山内勇樹 Yuki Yamauchi

TOEIC®テスト 990点満点、TOEIC® SWテスト 400点満点、TOEFL®iBTテスト ベストスコア120点満点を取得（ETS系テスト日本１位タイ）。カリフォルニア大学ロサンゼルス校（UCLA）を、脳神経科学専攻で卒業。脳の学習機能、記憶機能、心理学、遺伝学などの研究を行う。自身の留学経験と脳神経科学で得られた知見を土台に英語教育、留学サポートの事業を開始。延べ500人以上の生徒を、ハーバード大学、マサチューセッツ工科大学、スタンフォード大学など超難関大学合格へ導く。TOEIC®テストの指導では、オンラインを含めて延べ1万人以上のスコアアップに寄与。最短6時間で100点の得点アップを実現。さらに私立高校の英語強化コース、海外大学志望コースでの専門的な英語講座を外部講師として担当、英語学習・進路・留学に関する講演・講義を行う。高校の英語教師向けにも英語学習のやり方を指導し、「英語の先生に英語を教える」という稀有な英語講師でもある。

本当に必要な英会話フレーズだけを 1冊にまとめました

2019年8月29日　初版第１刷発行
2020年2月22日　初版第２刷発行

著者	山内勇樹
発行人	津嶋 栄
発行	株式会社フローラル出版
	〒163-0649　東京都新宿区西新宿 1 - 25 - 1
	新宿センタービル49F　+OURS room03
	TEL：03-4546-1633（代表）
	TEL：03-6709-8382（注文窓口）
	注文用FAX：03-6709-8873
	メールアドレス：order@floralpublish.com
出版プロデュース	株式会社日本経営センター
出版マーケティング	株式会社BRC
印刷・製本	株式会社光邦